果蔬冷链物流系统安全评估及优化研究

杨 芳 著

中国财富出版社

图书在版编目（CIP）数据

果蔬冷链物流系统安全评估及优化研究/杨芳著. —北京：中国财富出版社，2015.5

（中国物流专家专著系列）

ISBN 978-7-5047-5732-6

Ⅰ. ①果…　Ⅱ. ①杨…　Ⅲ. ①水果—冷冻食品—物资供应部门—安全评价—研究—中国②蔬菜—冷冻食品—物资供应部门—优化模型—研究—中国　Ⅳ. ①F252.8

中国版本图书馆CIP数据核字（2015）第118554号

策划编辑	郑欣怡	**责任印制**	何崇杭
责任编辑	张冬梅　孙妍峰	**责任校对**	杨小静

出版发行	中国财富出版社		
社　　址	北京市丰台区南四环西路188号5区20楼	**邮政编码**	100070
电　　话	010-52227568（发行部）		010-52227588转307（总编室）
	010-68589540（读者服务部）		010-52227588转305（质检部）
网　　址	http://www.cfpress.com.cn		
经　　销	新华书店		
印　　刷	北京京都六环印刷厂		
书　　号	ISBN 978-7-5047-5732-6/F·2398		
开　　本	710mm×1000mm　1/16	**版　　次**	2015年5月第1版
印　　张	13.25	**印　　次**	2015年5月第1次印刷
字　　数	231千字	**定　　价**	35.00元

作者简介

杨芳，1973 年生，湖南长沙人。2015 年 1 月毕业于中南大学交通运输工程学院，工学博士。研究方向：物流与供应链管理，物流成本管理。现为长沙学院经济管理系教师，副教授，湖南省青年骨干教师。公开发表学术论文 10 余篇，参与国家级研究项目 3 项，主持省级以上课题 5 项。湖南省物流与采购联合会常务理事。

前 言

果蔬是人们日常消费的必需食品，果蔬产业在农业产业结构中占有举足轻重的地位，世界各国都非常重视生鲜果蔬食品的生产和消费。中国是世界上果蔬生产和消费的第一大国。但是，果蔬农产品流通安全和效率问题十分突出，频频发生的食品流通安全问题不仅极大地威胁了人们的身体健康，也不利于企业物流效率的提高。

果蔬农产品冷链物流安全风险主要存在于供应链各环节的运作过程中，本书在总结分析国内外相关研究成果的基础上，阐述果蔬农产品冷链物流系统安全风险评价理论以及相关优化技术方法和应用实践。全书共分为八章。第 1、第 2 章对食品冷链物流研究的背景、国内外研究现状及食品冷链物流系统安全相关理论方法进行介绍，是全书的铺垫。第 3 章是果蔬冷链物流系统结构介绍，并对各环节进行风险识别。第 4 章是对果蔬冷链物流系统安全评价的介绍。第 5、第 6、第 7 章是基于系统结构、配送及库存环节对果蔬冷链物流系统进行优化。第 8 章是研究展望。全书由杨芳撰写。

第 1 章，绪论，是对全书的铺垫。分析了中国果蔬农产品的发展现状，总结国内外对农产品物流、食品冷链物流及系统安全风险的研究现状及最新进展，提出研究果蔬冷链物流系统安全评价及优化问题的技术路线。

第2章，食品冷链物流系统安全相关理论基础。介绍供应链理论、食品相关理论及系统相关理论，介绍食品冷链物流系统安全的概念、风险评估理论及方法。

第3章，果蔬冷链系统结构分析及安全风险识别。建立了果蔬冷链物流ISM系统结构，以直观地表示出果蔬冷链物流系统的结构要素、果蔬农产品在各要素间的流动过程以及系统的分级状况，便于各环节风险因素的分析。在果蔬冷链物流系统的结构的基础上，对系统的不同环节进行风险识别，分析影响风险的因素。

第4章，果蔬冷链物流系统安全评价。基于层次分析法和模糊综合评价方法建立了果蔬冷链物流安全风险评估模型，以实际调研的资料为依据，对果蔬冷链种植、运输、配送加工、储藏与销售各环节进行安全风险评价，分析各种风险因素的影响程度。应用GO－FLOW法对果蔬物流系统进行量化分析与安全评价。

第5章，基于Multi－Agent的果蔬冷链物流系统的结构优化。针对果蔬冷链物流系统的分布式特征及流通环节的复杂性和难以协调性，本书基于果蔬冷链物流系统与多Agent系统的共性，引入Multi－Agent技术对果蔬冷链物流系统进行协同优化研究。

第6章，果蔬冷链系统配送中心物流运作优化。基于果蔬农产品物流配送特征、配送中心作业流程及Anylogic系统仿真建模技术，结合长沙市XY蔬菜配送有限公司的案例，对果蔬农产品配送中心作业流程进行建模与仿真。

第7章，果蔬冷链系统库存控制优化。利用系统动力学的建模思想，针对果蔬农产品订货配送特点，建立果蔬配送中心与零售店库存系统的因果回路图和系统流图，以此构建了库存控制系统动力学模型。

第8章，结论与展望。

本书从果蔬农产品冷链物流系统相关的基础研究入手，探讨了系统安全风险识别、评价及系统优化等问题。

由于笔者水平有限，仍有许多食品物流系统安全控制与优化问题需要深入研究，本书的研究也难免出现疏漏，真心希望广大读者予以批评指正。

杨 芳

2015 年 4 月

目 录

1 绪论

1.1 选题背景及研究意义

食品安全问题是全社会最为关注的重要问题之一。从 20 世纪末到 21 世纪初，全球范围内的地区屡次遭受食品安全事件的冲击。1996 年英国出现的疯牛病，比利时的问题饲料，日本毒饺子事件，美国单增李斯特菌事件，印度的毒酒中毒事件，中国的苏丹红、三聚氰胺奶粉等一系列安全事件层出不穷，直接威胁人们的身体健康。2014 年 7 月以来，作为“科学管理”典型的麦当劳、必胜客、肯德基等“洋快餐”国际品牌被“福喜门”事件打破了其安全神话，人们对“食品安全”的信心近乎崩溃：不仅小作坊食品令人生疑，就是国际大型快餐连锁巨头也不值得信任。食品安全在全世界受到广泛关注，世界各国政府大多将食品安全视为国家公共安全。

食品安全问题会造成重大的经济损失，往往也会产生国际食品贸易争端。1996 年英国疯牛病事件给英国经济带来巨大损失，进出口牛肉出现近 40 亿英镑的贸易逆差，养牛产业受到重创。2011 年山东乳制品出口数量也因为三聚氰胺事件的影响而减少了 50%。

1.1.1 中国果蔬农产品的发展背景

果蔬是人们日常消费的必需食品，果蔬产业在农业产业结构中占有举足轻重的地位，任何国家都非常重视其生鲜果蔬食品的生产和消费。中国是世界上果蔬农产品生产和消费的第一大国，以 2013 年为例，蔬菜产量达到 7.35 亿吨，水果产量达到 2.51 亿吨，果蔬类农产品占生鲜农产品的绝大部分。

表 1－1 和图 1－1 反映了我国 2009—2013 年主要生鲜农产品的生产状况，

总体呈现稳步上升的趋势。

表 1-1　　中国主要生鲜食品 2009—2013 年生产量　　单位：万吨

年份	猪肉	牛肉	羊肉	水果	水产品	蛋类	蔬菜
2009	4890.8	635.5	389.4	20395.5	5116.4	2742.5	60200.0
2010	5071.2	653.1	398.9	21401.4	5373.0	2762.7	65099.4
2011	5053.1	647.5	393.1	22768.2	5603.2	2811.4	67929.7
2012	5335.0	662.0	401.0	24057.0	5906.0	2861.0	70200.0
2013	5493.0	673.2	408.1	25093.0	6172.0	2876.1	73512.0

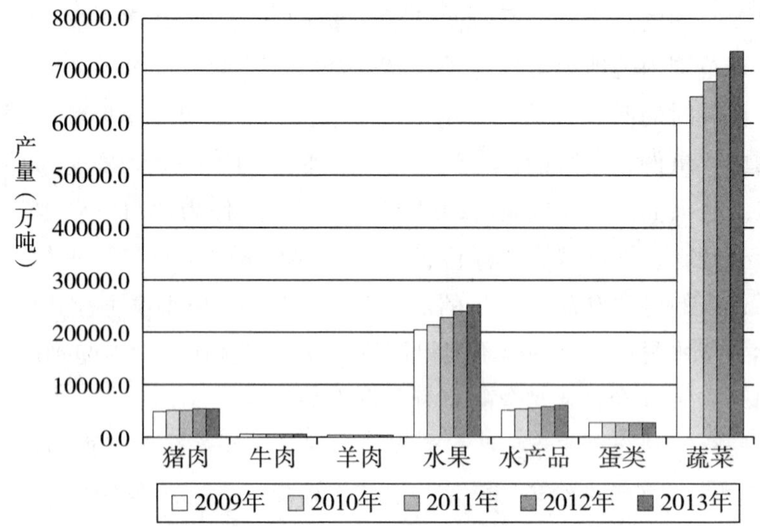

图 1-1　中国主要生鲜食品 2009—2013 年生产量

资料来源：《中国统计年鉴》2009—2013。

中国城乡居民家庭平均每人每年购买生鲜食品数量总体呈现上升趋势，如图 1-2 和图 1-3 所示。食品类消费品占超市商品种类的 60%。从居民家庭平均购买生鲜食品的消费量图表中可以看出，鲜菜和鲜瓜果是居民日常消费的主要食品。

中国果蔬类农产品生产量和消费量大，但其生产主要以家庭生产模式为主，单位生产规模小而且分散，农产品流通成为解决生产与消费突出矛盾的重要因素。

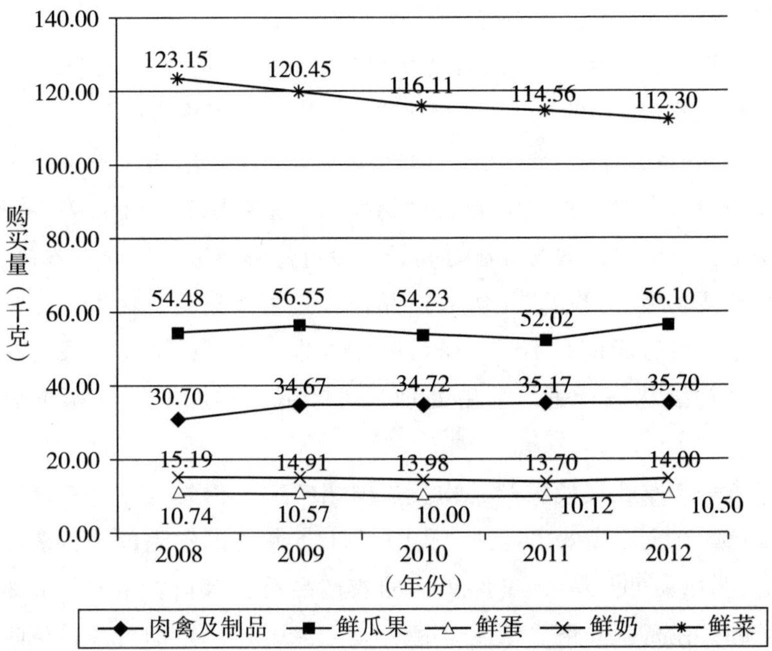

图 1-2　2008—2012 年中国城镇居民家庭平均每人每年购买主要生鲜食品数量

资料来源：《中国统计年鉴》2009—2012 年。

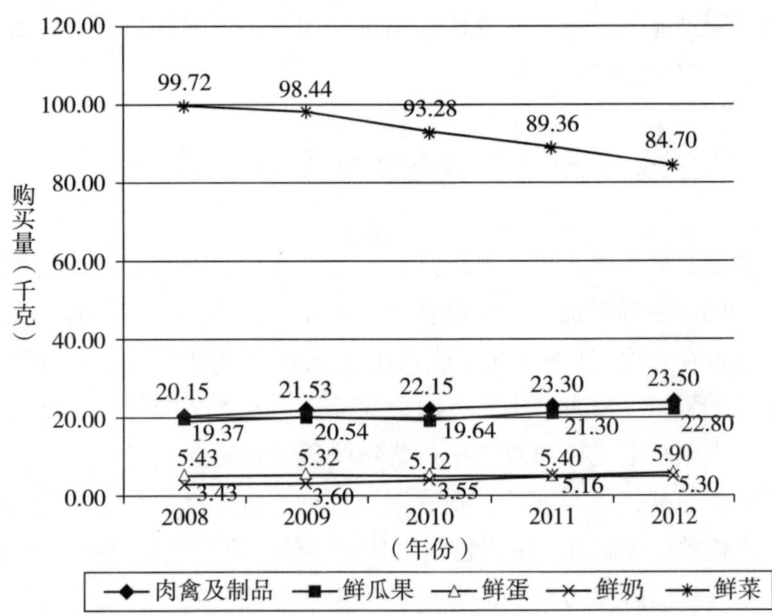

图 1-3　2008—2012 年中国农村居民家庭平均每人每年购买主要生鲜食品数量

资料来源：《中国统计年鉴》2009—2012 年。

在目前物流形式中，中国农产品物流以常温为主，农产品在流通过程中损失很大。果蔬农产品在采摘、运输、存储等物流环节的损失就高达 25% ~ 30%（发达国家仅在 5% 以内）。相比之下中国的果蔬物流成本明显过高。

中国落后的农产品物流保鲜技术和质量安全控制措施难以满足市场对果蔬农产高品质、高安全性及高新鲜度的要求，主要原因在于：第一，中国农产品产销地宽泛分散，货物运输时间长，冷链保鲜运输与储存成本高；第二，生产者与消费者极为分散，生鲜农产品需经过多次集货、转货、分销，不仅增加了成本，也造成信息不畅、质量监管困难等问题；第三，果蔬农产品一般以采摘后初级状态分销，采后处理程度较低，增加了保鲜和质量追溯的难度。

为了进一步发展现代农产品物流，国家制定了相关特殊经济政策。为支持鲜活农产品在全国高效率运销，我国于 2005 年由国务院部署、多部委联合开辟了高速“绿色通道”，车辆运输的农产品符合《鲜活农产品品种目录》规定品类的，在高速公路“绿色通道”（“五纵二横”）即可享受免收过路费的便利待遇。“绿色通道”可直接使 31 个省市间达到互通。

2007 年中央一号文件进一步强调农产品物流产业的战略地位，提出发展农村现代流通产业，构建农村现代市场流通体系是农村经济增长、新农村建设及农民收入提高的有力保障。

1.1.2 冷链物流成为生鲜食品安全的重要保障

易腐食品容易变质的主要原因是微生物的存在、酶的作用以及外界温度与湿度的影响。生鲜果蔬属于易腐食品，其品种繁多，营养价值很高，但果蔬农产品一般存在生产分散、保质期短的特点，加上新鲜果蔬本身的性质较适宜微生物的繁殖、发育与生长，因此其品质容易发生变化，在流通过程中容易损耗。在新鲜果蔬流通过程中，货物受压或在运输途中受到碰撞、震动可能造成表面局部损伤而腐败，在一定条件下，由于微生物的作用，损伤处会迅速扩大以致整体腐败。微生物的生长和活动需要一定的温度与水分条件，因此，为了保证生鲜果蔬食品的质量，防止其腐败变质，就必须杀死有害菌类，或抑制微生物和酶的活动。低温能抑制微生物和酶的活动，延长食品存放时间。因此冷链物流是食品安全的重要保障。

中国的冷链物流萌芽于20世纪50年代的肉制品外贸出口。1982年《食品卫生法》颁布，农产品冷链物流体系开始建立，但进展缓慢。随着经济的发展，人们对生鲜农产品的需求日益旺盛，对农产品品质要求提高，冷链物流也随之得到快速发展。冷链物流市场逐步形成，冷链流通量增长较快，市场潜力巨大。据统计，2013年中国国内各类易腐食品年总产量11.4亿吨，易腐类食品年消费量约2.54亿吨（根据2013年城乡人口和城乡居民人均年消费量统计数据计算），而我国现在冷藏容量占货物需求的20%～30%。近年来，流通领域进入了约4亿吨的生鲜农产品，农产品冷链流通率逐年提高。2011上半年，肉类、水产及果蔬农产品冷链流通率分别达到17.24%、25.16%和6.6%（中国物流发展报告2011—2012年），冷藏运输率分别达30%、40%和15%。2000—2008年，中国农产品冷链物流年均增长速度达到了26%，2009—2010年更是达到了34%，可见冷链物流市场潜力巨大。

21世纪以来，各地冷库建设步伐加快，新型制冷技术与冷冻保鲜技术不断更新，高品质的冷冻冷藏运输车辆不断涌现，特别是近年来食品安全事件频出，政府对冷链物流的重视程度大大提升，2010年制定了相应的发展规划，对农产品冷链物流发展起到指导作用。但从整体上来说，中国的食品冷链物流体系还未形成，与国外相比，农产品冷链物流发展相对落后。农产品冷链物流发展状况国内外对比情况如表1－2所示。

表1－2　　农产品冷链物流发展状况国内外对比情况

对比项目	国内状况	国外状况
预冷保鲜率	30%左右	欧美国家：80%～100%
冷库容量	1.5千万立方米	世界总量：2.478亿立方米，美国：7.07千万立方米，日本：2.77千万立方米
果蔬采后损失率	20%～40%	5%
冷藏运输能力	冷藏列车近7000辆，冷藏汽车40000辆	美国：冷藏车辆16万辆，保温车6万辆；日本：冷藏保温车12万辆
冷藏运输率	总冷藏运输率10%～20%，其中：铁路25%，公路15%，水路1%，空运0.1%	美国：80%～90%，日本：98%以上

续 表

对比项目	国内状况	国外状况
冷藏运输管理	冷藏流通冗长，冷链技术应用不够	冷藏链高效运行
物流成本	60%	10%

具体来说，目前中国食品冷链物流主要存在以下三个问题。

1. 冷链设施设备建设有长足进展，但较西方国家有较大差距

随着冷链物流市场的扩大，冷链物流相关设施设备更新换代迅速，但是目前产业内相关企业技术仍然比较落后，食品冷链物流设施设备不足，并且从整体上来看，其发展与分布也不均衡，以致食品在物流过程中的安全与品质无法得到应有的保障。截至 2012 年年底，中国共有冷库约 9.85 万座，冷库总容量超过 2500 万吨，同比增长 11.3%。2007—2012 年，中国冷库行业以 14% 以上年均增速发展。新的冷链技术和设备被广泛应用，加快了冻结速度，也提高了冷链农产品品质，但相比西方国家，中国的冷冻冷藏运输设施仍然落后，冷藏保温车占货运汽车的比重仅为 0.3%，美国为 0.8% ~10%，英国为 2.5% ~2.8%，中国冷藏车辆大部分是机械式冷藏车辆，规范的冷藏保温车较少；冷库容量虽有增加，但大型库多，小型库少，冷库结构失衡。肉类冷库比蔬果冷库多，并且冷库利用率低，人均数量偏低。冷链设施缺乏，技术相对落后，造成了易腐类食品在流通过程中的极大浪费。

2. 冷链物流市场化程度低，不利于提高食品冷链物流效率

食品冷链物流系统较其他物流系统的显著差异在于冷藏冷冻库存与运输的设施设备投资成本高。冷链市场化程度低，缺乏专业物流企业的参与，除对外贸易的农产品以外，中国生鲜食品物流业务多由经销商或生产商自营进行，国内真正能全程提供综合性服务的第三方物流企业还不足总体需求的 5%。冷链物流资源难以共享，大额投资的冷链设施设备未能充分发挥其效率，同时企业也承担相当高的维护成本。另外由于缺乏专业物流平台的参与，食品供求信息网络平台难以建立，相关信息不能得到及时反馈，也不利于 RFID、GPS 等物流技术的应用，使物流服务水平与运作效率受到影响。

3. 冷链相关法律法规有所完善，但相关技术标准仍然欠缺

为了有效监控农产品冷链物流，国家相继颁布相关法律法规。2008 年 8

月，国务院颁布实施《生猪屠宰管理条例》；2009 年 2 月 28 日，《食品安全法》发布，被称为“中国食品监管法制化进程中的重要里程碑”，食品安全这一“天大的事”有了法律保障；2009 年 7 月，国家工商行政管理总局出台了《食品流通许可证管理办法》和《流通环节食品安全监督管理办法》；国家发改委 2010 年 6 月发布的《农产品冷链物流发展规划》提出了肉类、水产品、果蔬的流通环节腐损率、冷链流通率、冷藏运输率等指标的具体目标。为进一步加强食品安全工作，2012—2013 年国务院陆续发布了《关于加强食品安全工作的决定》（国发〔2012〕20 号）、《国家食品安全监管体系“十二五”规划》（国办发〔2012〕36 号）和《国务院办公厅关于印发 2013 年食品安全重点工作安排的通知》（国办发〔2013〕25 号）；目前商务部针对流通领域食品安全工作，发布实施《2013 年商务系统食品安全工作要点》。2013 年中央一号文件将保障主要农产品供给、解决民生问题列为重要日程。一系列文件的出台使中国的农产品冷链物流市场越来越规范。

在法律法规逐步健全的同时，农产品冷链物流相关技术标准也逐步确立。1988 年颁布的《速冻食品技术规程》是食品冷链物流较早的国标；在中国尚未形成国家级冷链物流行业规范期间，为确保食品质量，促进食品安全，降低物流损耗，维护消费者和企业权益，上海市于 2007 年 10 月，深圳市于 2011 年 8 月相继出台了地方标准《食品冷链物流技术与管理规范》；各类农产品冷链物流标准陆续出现如《鲜、冻肉运输条件》《肉与肉制品物流规范》《速冻米面食品标准》《初级生鲜食品配送良好操作规范》《中国苹果冷藏技术标准》《禽畜肉冷链运载治理技能标准》《冷链物流企业效劳环境评价》《水货物冷链物流效劳标准》《食品冷链物流追溯治理请求》等；2012 年 6 月 29 日，国家标准《冷链物流分类与基本要求》（GB/T 28577—2012）正式发布，该标准规定了冷链物流的相关术语和定义、冷链物流分类和冷链物流的基本要求。

1.1.3 研究意义

以保持低温环境为核心的生鲜食品冷链物流相比其他物流系统来说，系统的结构更为复杂，系统资源与主体环节安全性要求更高。生鲜食品的时效性、安全性要求冷链物流各环节具有更高的组织协调性与安全可靠性。而处于中国食品冷链物流的各环节中的主体一般各自为政，缺乏协作意识与能力，食品冷链物流系统依然是高成本、低效率运行，消费者对食品质量与安全的要求也不能得到有效满足，食品安全事故频发。本书对果蔬冷链物流系统安全风险进行识别、评价及协同控制方面的研究，有助于果蔬冷链物流系统各相关主体从理论上系统地认识和评价安全风险，通过系统主体协同联动，减少果蔬冷链物流环节间的安全风险，以降低整个供应链的风险，实现果蔬冷链物流系统性能的优化。因此，开展果蔬冷链物流安全风险研究具有社会意义与经济意义。另外，本书对我国果蔬冷链物流的系统结构、流通各环节进行了深入分析，紧密结合实际，不仅对产业发展有实践指导价值，对相关领域的理论研究也具有积极的参考价值。

创新性研究有一定的挑战性。首先，虽有国内外相关研究文献可借鉴，但大多数农产品物流研究集中于理论研究的初级阶段，可借鉴的实践性的深入研究成果并不多；其次，本课题研究需要在研究相关社会调研的基础上进行研究理论分析，工作难度有一定挑战性；最后，本书综合供应链管理、系统工程、风险管理、食品安全、信息技术、标准法规等多学科领域交叉，需要开展创新性的研究工作。

1.2 国内外研究现状综述

1.2.1 农产品物流的研究

1. 国外的研究现状

1901 年，约翰 · F. 格鲁威尔（John F. Crowell）对农产品配送成本的影响因素研究让人们认识了物流。然而，物流作为独立的研究领域并形成现代物流理论仅始于近二十多年。从 20 世纪末开始，国外研究者应用供应链理论研究物流企业的行为，提出“专业物流企业”“供应链物流”“外包物流”“物流联盟”等概念与学说。农产品物流及农产品供应链管理的研究工作也得以开始与发展。

综合国外研究文献发现，国外农产品物流研究主要可分为传统农产品物流研究和现代农产品物流研究两个阶段。

（1）传统农产品物流研究阶段（20 世纪初～20 世纪 90 年代）。

传统的农产品物流研究集中在农产品的配送与营销方面，主要是以配送成本因素分析和降低流通成本为中心而展开的。有关农产品配送研究的代表性文献有 1901 年约翰 · F. 格鲁威尔的《工业协会关于农产品配送的报告》（Report if the Industrial Commission on the Distribution of Farm Products）以及 L. D. H. Weld 的《农产品市场营销》（The Marketing of Farm Product）。

美国农业生产的机械化和规模化使得农业生产效率与农产品产量不断提高，农产品生产过剩，农产品营销学随之产生，以顾客为中心的农产品营销模式也应运而生。农产品营销主体成为学者们研究的重点，美国学者 Geoffrey 和 Shepeld（1942）提出了农产品物流渠道节点由地方级农产品市场向中央级批发市场逐渐过渡、中央级批发市场向农产品期货交易所逐渐过渡的物流模式。

在此阶段，物流理论在物流功能活动上得到了扩充和完善，由传统的“配送与储存”发展到了包括流通加工、包装、搬运装卸、信息处理等在内的一体化活动；在物流功能上由传统实现农产品销售目的向降低农产品流通成本、提高农产品流通效率转变。1961 年，E. Smykny、D. Bowersox 和 F. Mossman 合著了 Physical Distribution Management 一书，第一次从系统的角度或企业范围的角度，讨论了物流总成本的概念。1962 年，Perter Druke 发表文章提出流通中的成本是经济中的“黑暗大陆”，强调需高度重视流通及流通过程中的物流，这在一定程度上推动了物流产业和相关研究的发展。1978 年，A. T. Kearney 公司评估物流生产率的研究成果深深影响了物流领域。传统农产品物流的研究倾向于通过物流资源的整合、零售终端的改善来提高效率，降低流通成本。因此这一阶段的农产品物流研究是以成本为中心的。

（2）现代农产品物流研究阶段（20 世纪末起）。

随着现代物流理论的发展，学者们认为单纯整合物流功能已不能满足物流发展的需要，创新的物流模式（供应链物流、物流联盟、物流外包等模式）不断提出。农产品供应链研究主要体现在模式与管理运作等方面。

①农产品供应链模式构建研究。对于农产品供应链物流体系构建许多学者从不同角度予以研究。C. I. Costopoulou 等建立基于虚拟市场体系的农产品物流供应链（C. I. Costpiulon，2000）；Tsaerry Marsden 等认为农产品供应链应体现不同农产品的特性。

②农产品供应链管理运作研究。在农产品物流供应链运作研究时，大多单独研究某类农产品的物流活动。主要研究集中在农产品战略合作、绩效评价、质量监控、现代优化方法应用等方面。

战略合作：Jill E. Hobbs 等研究了供应链上下游协调、建立战略联盟、实施战略合作等问题，并从食品产业中监督者与生产管理者的角度，研究供应链中主体合作关系（Jiu E. Hobbs & Linda M. Yonng，2000）。

绩效评价：Peter J. Batt 等基于土豆、猪肉等具体食品类供应链角度分析其绩效评价方法，并提出食品供应链产业收益分配均衡性等绩效指标（Peter J. Batt，2003）。

质量监控：对于安全消费领域，国外学者以肉、蛋、奶、橙汁等为对象，对影响消费者食品安全知识认知与购买意愿、行为的影响因素进行分析，研究主要集中于发达国家的消费者。对于安全监控方面，E. HAJNAL，M. F. Stringer 等人提出构建食品追溯网络、集成食品供应链模型等途径监控各环节可能发生的故障，通过网络合作进行食品安全监控。

现代计算机及网络技术应用：Hunt 等人研究了 IT 对农产品及食品供应链的战略与商业活动的积极影响，提出食品供应链上的企业可利用信息技术提高其竞争水平，形成供应链的整体绩效。

农产品供应链的优化研究：在农产品物流供应链研究领域，计量经济模型、案例分析法、样品跟踪法经常得以应用，在研究供应链合作问题时，较多采用博弈论研究方法，在进行供应链系统优化研究时多用到仿真模拟以及现代优化理论与方法。S. Mineglshi 和 D. Thiel 等动态模拟食品物流，利用系统动力学等方法研究食品供应链的规划、战略优化等问题。Mahmood Ebadian（2013）等开发了一种联合仿真优化模型对农产品存储系统进行评估并进行优化。

2. 国内对农产品物流的研究现状

中国在 20 世纪 70 年代末从日本引入物流概念，但由于当时经济较为落后，物流产业缺乏发展的市场环境，直到 20 世纪 80 年代中后期，才将物流视为一项产业来进行研究。随着中国改革开放的深入，市场经济的转轨，电子商务的兴起，在 20 世纪 90 年代后期，特别到了 21 世纪初期，中国的物流产业得到了政府、企业和学术界的关注，成为了一项新兴产业，发展势头日益旺盛，相应的物流领域的研究也逐渐成为经济学管理学研究的热点。然而，由于中国农业经济相对落后，农村基础设施并不太发达，农业生产不集中等原因，农产品物流产业发展迟缓，有关农产品物流的学术研究相对较少，出现也较晚。国内最早出现研究农产品物流的文献是1992年发表在《农业经济问题》上的一篇基于物流与商流的角度研究农产品物流发展的论文。1993年，李斌在《中国物流与采购》上发表《韩国农产品物流考察》一文，从农产品物流的角度介绍了韩国农产品流通体系及组织形式。国内有关农产品物流的研究文献有以下几种。

（1）对农产品物流及供应链管理的运作机制和模式的研究。这部分研究侧重于对农产品物流现状及供应链管理理论的应用与借鉴，和对农产品供应链物流模式等方面的理论探索，为我国物流产业的发展起到理论支撑作用。

（2）农产品供应链管理的运作与优化研究。构建农产品供应链体系应是一项系统工程，而在中国，农产品供应链中核心企业弱小，市场主体过度分散，供应链组织困难。如何将农产品供应链各环节有效集成，提高链条的效率与价值，国内学者从集成化分析、品牌战略、物流外包、供应商选择、质量安全等角度分析了农产品供应链体系的优化。冷志杰（2006）提出大宗农产品供应链集成化优化分析模型，提出由大宗农产品供应链四维网络分析、四维网络协作策略和优化模型构成的分析框架，为大宗农产品供应链集成化优化提供了有效的分析方法。王保利、哈乐群（2006）分析农产品品牌对农产品供应链所产生的影响，提出运用灰色优化模型关联决策，构建了基于品牌战略的农产品供应链优化体系。张世贵、林方龙（2006）提出供应链管理过程中核心企业建立完善的供应商评估选择体系的模型，并应用层次分析法（AHP）解决供应链中核心企业对上游供应商进行选择时的综合评价问题。在食品供应链管理过程中食品安全已成为重要控制因素，许多国家为食品质量安全制定强制标准、实行市场准入等，杨万江等（2006）提出标准化生产与建立质量安全信息可追溯体系是食品农产品供应链质量安全建设的关键。

1.2.2 食品冷链物流研究

1. 国外食品冷链物流研究

冷链的概念是1894年由美国的Albert Barrier和英国的J. A. Ruddich最先

提出的。但直到20世纪40年代，冷链才得以重视与发展，1943年，旨在改善食品等货物在储存、配送过程的冷藏技术、人才培训、信息沟通等方面的世界食品物流组织成立。

食品冷链是随着食品安全和供应链理论发展而发展的。1959年，美国皮尔斯堡公司、美国宇航局和美国陆军那提克研究所三个机构联合提出了“危害分析与关键控制点”（HACCP）食品安全管理体系，作为一种方便、科学、实用的预防性食品安全质量控制体系，目前已被世界各国所采用。1996年，Zuurbier等学者第一次提出食品供应链的概念，认为食品供应链是链上节点组织降低成本、保障食品质量、提高服务水平的一种垂直一体化运作模式。20世纪90年代末，日本已形成了比较完整的水果冷链物流系统运作体系，配备了较为完整的冷链物流加工与处理技术以及相应的设施设备，具备完整的水果冷链系统。20世纪末，美国食品消费量的25%为生鲜农产品。

食品冷链的运行离不开政府与相关组织的监控与协调。丹麦学者Eva Roth，Harald Rosenthal（2006）分析了发展中国家向欧盟鱼类出口冷藏链中政府的监控地位。加拿大学者Simon Jol、Alex Kassaianenko提出冷藏链应包括加拿大卡车联盟、独立零售商协会、零售商配送中心协调委员会等组织，提出只有在组织加入，才能保证基于HACCP体系的冷藏链一体化运行。

2000年以来，欧美发达国家在生鲜农产品流通中拥有先进的冷链技术，水果等生鲜农产品采摘后能达到商品化程度。在此阶段国外对冷链的研究大多关注冷链系统优化及冷藏冷冻技术与方法的应用。

C. D. Tarantilis，C. T. Kiranoudis（2001）研究了易腐品配送的问题，提出利用元启发式算法提高配送效率。Victoria Salin等基于美国土豆贸易联盟具体运作研究了食品出口发展中国家的冷链网络相关问题，提出组织在构建冷链网络中所起的作用，以及冷链物流自营或外包选择的影响因素。James S. J.，James C.，Evans J. 指出冷链物流系统目标不是制冷，而是维持食品的温度，最大限度保证食品的品质。并建立了与食品品质有关的食品温度、微生物生长和运输中其他参数的影响因素模型。Kanchanatuntorn K. 等通过构建周期性模型解决易腐品库存配送问题，并进行仿真实验进行相关验证。Osvald A.，Stirn L. Z.（2008）认为生鲜易腐食品是典型的带时间窗的VRP问题，通过建立数学模型，对带时间窗的易腐品配送问题进行优化，并对优化结果进行了绩效评估。

2. 国内食品冷链物流研究

中国现代冷链行业的发展始于20世纪末速冻食品行业的兴起。2000年以来，中国已初步形成以冷冻储存、生鲜品流通加工为主导的冷链物流系统，但从中国食品物流整体来看，独立的冷链物流体系并未形成。国内对于食品冷链的研究集中于对国外经验的借鉴、国内冷链物流的现状及对策、冷链物流的模式、政策等方面，结合实际对冷链物流技术、安全风险评价及冷链系统优化等方面的研究较少。

（1）借鉴国外冷链物流发展经验，分析国内现状及问题，进行策略研究。

王岳峰、谢如鹤（2002）等介绍了国外冷藏链的发展及其原因，消费者对易腐食品及冷藏链建设提出的新要求，以及国外在现代冷藏技术方面所取得的成就与最新发展趋势；谢如鹤、韩伯领（2004）比较研究了国内外冷藏食品物流的现状，在借鉴国外冷链经验的基础上，提出了中国发展冷藏食品物流的策略。

国内学者针对食品冷链物流的现状、问题、趋势及对策的研究成果较多。研究认为中国目前食品冷链存在的问题主要有：食品冷链流通率低，食品冷链物流市场缺乏规范标准，食品安全标准不够完善，食品冷链安全监督不力，第三方冷链物流市场程度低，冷链物流技术落后、效率低、信息化程度不高，冷链物流基础设施薄弱，冷链物流技术开发与管理人员缺乏等。

（2）食品冷链物流模式研究。传统的食品物流供应链是以批发市场为主导的模式。国内研究者分别以超市、配送中心、物流企业或加工企业为核心提出各种生鲜农产品供应链模式。杨为民（2006）提出蔬菜供应链存在两种模式：以连锁超市为终端的和以农贸市场为终端的供应链；刘东英，梁佳（2007）分析了河北省乐亭县生鲜蔬菜物流系统，针对随机型物流链、计划型物流链及特种型物流链的组织形式及交易绩效进行研究。刘普合等（2010）通过分析中国果蔬农产品不同的流通渠道，提出了五类“链态”，并分析每种链态下的发展优势。罗芳琴等（2010）研究了南方主要农产品的流通模式，提出适合南方地区的生鲜农产品供应链模式。杨光华等（2009）在分析生鲜农产品现行物流模式的基础上提出了区域内和区域间生鲜农产品冷链物流新模式。

（3）食品冷链物流系统的各环节主体研究。国内学者研究集中在供应链各环节主体发挥的功效评价、存在问题、各节点的选址与布局、环节主体成本控制等方面。王炳勋等（2009）建立生鲜农产品配送中心绩效评价指标体系，并运用综合评价法进行绩效评价。姜大立、杨西龙（2003）分析了易腐品配送中心的连续选址问题提出 CAGA 算法。邬文兵等（2006）对生鲜农产品物流园发展定位和功能进行了分析研究。

（4）食品冷链物流系统质量安全问题研究。国内学者对食品安全追溯的相关研究越来越多。HACCP 方法在食品流通过程中的应用研究出现在不同品类、不同物流环节危害与风险分析的研究文献中。研究认为建立食品质量安全追溯体系是确保食品安全的主要出路。

1.2.3 食品物流系统安全风险研究

对食品物流安全风险的研究侧重于定性描述，重点在于对现状、问题及对策的研究。

1. 食品安全问题根源研究

饶红等（2011）研究了食品物流中各物流功能与食品安全的关系，认为食品安全问题频频出现的根本原因是市场经济的利益驱动。唐润等（2012）指出食品质量安全问题出现的根源是供应链和监管链的链网破碎性特征，并从供应链内部协同、监管链内部协同、供应链和监管链之间相互协同三个层面讨论食品安全管理的策略选择，设计了食品质量安全双链协同的驱动机制。

2. 食品安全风险分析与评估研究

周绪宝等（2005）基于安全风险理论研究了不同领域食品安全风险分析的应用模式；罗祎等（2005）介绍了微生物风险评估实施的概念与原则，并观测微生物模型的发展，分析微生物风险评估模型在食品安全领域的应用；邹毅峰（2009）结合食品科学与系统可靠性等相关理论和方法，构建了食品冷链物流的安全可靠度模型。

刘於勋（2007）应用层次分析结合灰色关联分析的方法建立食品安全综合评价指标体系计算模型，并进行实例验证；邱祝强（2007）将 GO – FLOW 系统可靠度评价方法应用于农产品物流安全评估，并进行了实例分析。

3. 食品物流系统安全保障体系研究

国内学者探讨建立基于供应链管理思想、基于 HACCP 风险管理的食品物流系统安全保障体系，并结合现代物联网关键技术，研究了食品安全监控与追溯系统。鲍长生等（2007）研究了基于供应链管理思想的食品物流安全体系的构建；张月华等（2008）应用HACCP管理思想研究了食品物流系统中的风险与危害，并提出相应的管理举措；陈小军（2013）认为建立基于HACCP的食品物流体系能有效预防食品安全事故，并提出结合现代信息技术能实现与构建食品物流安全体系；李春华（2008）、于晓胜（2011）、刘晓霞等（2013）研究了FMECA以及RFID、EPC编码技术以及Savant系统等物联网关键技术等在食品安全可追溯系统中的应用，探讨了食品安全监控与可追溯系统的构建。

4. 基于食品安全的物流系统优化研究

邹毅峰等（2010）以食品中微生物生长模型为基础建立食品物流系统安全可靠度模型，利用安全可靠度对食品物流系统进行优化；贾培培（2012）通过优化食品物流系统中时间与温度的参数值，研究了生鲜食品冷链物流系统的优化问题；龙滔等（2012）研究了基于食品安全的物流网络优化问题；兰洪杰（2012）将协同理论应用于冷链物流系统相关问题研究，构建协同模型，提出系统优化策略。

1.2.4 国内外研究综述

1. 国外研究综述

国外农产品物流是随着物流理论研究的不断深化而发展的，其基本思想在于将物流理论应用于农产品领域，将物流理论扩展到供应链理论中。日本、欧美发达国家已具备相对较为完善的农产品物流设备、设施、物流技术及运作方式，因此，国外对农产品物流的研究侧重于农产品供应链管理、物流安全、食品质量保证及虚拟交易等方面。相关文献资料显示，国外农产品物流相关研究主要有以下特点。

（1）国外对于实证研究较为重视。

（2）近年来国外研究集中于集成物流、物流联盟等农产品供应链横向和纵向合作关系的研究。

（3）注重应用仿真模拟以及现代优化理论与方法进行农产品或食品供应链的运作及策略优化研究。

（4）国外研究多以农产品或食品供应链展开，较少出现农产品物流协同、物流网络方面的研究。

2. 国内研究综述

国内有关农产品物流的研究是与中国农产品物流发展相适应的。综合国内相关文献资料，可以看出，与发达国家相比，中国在农产品供应链基础设施、管理理念等方面与发达国家还存在很大差距。国内学术界研究主要集中在物流供应链主体建设、组织模式及环节优化等研究领域。国内相关研究文献呈现如下特点。

（1）国内对农产品物流、食品冷链物流的研究以定性为主，内容广泛但深度不够，规范研究较多却较少进行实证研究。

（2）缺乏对农产品物流、食品冷链物流全面、系统、深入的研究，对食品物流安全的问题的研究也处于初级阶段，对农产品供应链各环节主体研究也是零散的、相对独立的，缺乏系统的农产品物流理论体系构架。

（3）生鲜农产品冷链物流研究主要集中于模式研究，供应链上主体之间利益分配与协同、供应链整体质量评价、物流节点的网络布局及节点选址等问题研究缺乏，具体生鲜农产品的供应链运作研究仍处于探索阶段。

（4）国内对食品物流系统安全的研究侧重于定性描述，着重对现状、问题及对策的研究，缺乏从供应链角度系统进行安全评价及优化的研究，极少有进行基于食品安全的冷链物流系统协同的研究。

总的说来，国内外有关农产品供应链、食品供应链、食品物流安全的研究成果为中国农产品供应链理论与实践的发展提供了借鉴，为以后的研究奠定了一定的基础。

另外，通过阅读以上文献资料，了解到中国农产品物流供应链的基础设施、设备相对薄弱，物流领域相应的政策与法规、管理体制仍不健全，标准化建设正在进行，农产品供应链研究以及食品物流安全的研究还未深入到各生产环节。中国将来农产品供应链、生鲜食品冷链管理研究的方向主要在于对农产品供应链成本效益、主体之间协同发展及利益分配的研究、供应链安全风险管理以及电子商务环境下农产品供应链功能设计等方面的研究。

1.3 研究目的、内容及方法

1.3.1 研究目的

本书的研究目的是在对生鲜果蔬农产品的物流系统的模式、系统功能、系统结构进行分析的基础上，界定生鲜果蔬冷链物流系统安全可靠性的含义，分析果蔬冷链物流系统结构模型及安全影响因素，进行果蔬冷链物流系统安全评价，构建系统安全评价体系，构建基于安全性的 Multi - Agent 果蔬冷链物流系统的结构优化模型，果蔬冷链配送中心 Anylogic 模型，研究果蔬冷链系统库存管理模式，构建基于 VMI 果蔬冷链系统库存控制 SD 模型，采用现代智能算法对上述模型进行求解，并进行数据仿真验证，使之符合果蔬冷链物流系统的实际。

1.3.2 研究内容

本书的核心研究内容主要包括以下几个方面 。

1. 食品冷链物流系统安全评价及优化相关理论

食品冷链物流系统是一种特殊的供应链系统，其安全性是系统的“生命线”，对食品冷链物流安全和食品品质与安全内涵的准确界定，对食品冷链物流系统的安全影响因素的分析，以及系统安全评价指标的构建和评价方法的选取，是研究和分析食品冷链物流系统安全的基础。

2. 果蔬冷链物流系统结构模型及安全影响因素分析

果蔬冷链物流系统是一个多层次、多类型的复杂系统，系统由相互制约与相关联的功能要素组成，要研究果蔬农产品冷链物流系统，首要问题就是要弄清功能要素之间的关系，也就是需要弄清所谓的“系统结构模型”。本书运用解释结构模型化技术（Interpretative Structural Modeling，ISM）建立果蔬系统结构模型，并分析果蔬冷链物流系统安全影响因素，计算与分析安全影响因素指标权重。

3. 果蔬冷链物流系统安全评价

风险评估的关键是风险评估指标，完善、科学、合理的评估指标体系是对果蔬冷链物流系统的安全风险进行客观评估的先决条件。风险评估指标建立的方法依据风险评估方法而确定，主要有基于风险管理和基于可靠性理论两种风险评估方法。基于风险管理的评估方法以风险评估的总目标与关联因素为评估指标，这种方法既可以从宏观角度了解系统整体的风险水平，又可以通过对具体指标的分析把握系统局部的风险点，有利于完善系统的风险管理；从可靠性角度建立的基于可靠性理论的风险评估方法广泛应用于实际，但缺乏宏观层面的体现。本书中的评估指标是基于风险管理的评估，评估的零级指标（总目标）是物流系统出现安全事故的风险。引发冷链物流系统安全的因素是多方面的，本书主要从技术、设备、管理和结构四个方面来建立生鲜冷链物流系统安全风险评估指标。

4. 果蔬冷链物流系统的结构优化

果蔬冷链物流过程强调有效应用信息反馈机制保证食品的质量安全，同时高时效性属性要求果蔬冷链物流各环节需具备更高的组织协调性。本书以果蔬冷链物流为对象，基于 Multi - Agent 环境研究果蔬冷链物流系统结构协调运作机制。应用 Multi - Agent 技术，将复杂的果蔬冷链物流系统分解为若干 Agent，这些密切联系的 Agent 组成高度协调运作的一体化体系，能提高物流系统的安全性与时效性。

5. 果蔬冷链配送中心物流运作优化

果蔬配送中心物流作业环节复杂，构建符合果蔬配送中心的物流需求模型能提高配送中心运作的效能。本书依据果蔬配送中心实际物流系统运作过程，采用适当的建模方法建立虚拟的仿真模型，应用 Anylogic 仿真软件进行模型验证，分析其结果，修正其不足之处，构建高效安全的果蔬配送中心物流系统，以减少果蔬类农产品在配送过程中的损失。

6. 果蔬冷链系统库存控制优化

具有易腐变质、库存周期短等特征的果蔬农产品，从生产到消费的过程中需应用冷藏链来保持其高品质，冷藏链中库存策略的选择尤其重要，不当的库存策略极易造成巨大的浪费或市场的供不应求。本书利用系统动力学（System Dynamics，SD）的建模思想，根据果蔬农产品订货配送特点，建立果蔬配送中心与零售店库存系统的因果回路图和系统流图，并对其进行分析，构建库存控制系统动力学模型。通过对模型进行模拟仿真分析，并从订货延迟时间、期望库存等方面进行多次优化模拟运算。运算结果表明：合理选择配送中心的订货延迟时间可以有效降低库存量与库存成本，提高整个系统的运作效率；合适的期望库存量可以优化库存管理；VMI 库存模式削弱了牛鞭效应带来的信息失真。

1.3.3 组织结构

本书共分八章，组织架构如图 1－4 所示。

第 1 章主要阐述选题背景、研究意义、国内外研究现状，提出本书的研究目的、内容、组织结构及研究方法。

第 2 章主要阐述冷链物流、食品物流安全的概念及特点，分析影响食品安全的主要因素，介绍系统安全风险评估方法、系统结构理论、系统协同机制。

第 3 章主要分析果蔬冷链物流系统结构，构建 ISM 结构模型，分析果蔬冷链物流系统安全影响因素，构建影响因素分析指标体系。

第 4 章主要进行果蔬物流系统的安全风险评价，利用安全可靠度的概念和模型，利用 GO－FLOW 法进行冷链物流系统的安全风险评估。

第 5 章应用 Multi－Agent 技术，研究基于安全性的果蔬冷链物流系统结构优化问题。

第 6 章主要运用 Anylogic 仿真软件，对果蔬冷链物流配送中心进行优化。重点研究基于物流安全的果蔬周转量与配送中心资源综合利用状况。

第 7 章根据果蔬农产品库存控制的特殊性，应用 SD 仿真技术，重点研究了果蔬农产品两级供应链中配送中心、零售商对随机需求的牛鞭效应、库存响应情况，研究不同订货延迟时间、不同期望库存情形下配送中心、零售商订货及库存量的变化。

第 8 章是对本书的总结，提出了主要创新点及对未来研究的展望。

1.3.4 研究方法

1. 定性分析与定量分析相结合

本书先从定性的角度对食品冷链物流系统及食品物流系统安全的概念及内涵、食品冷链安全风险评估的理论及影响食品安全的主要因素进行解释与

第1章 绪论（选题背景、文献综述、研究内容及方法等）
问题提出
第2章 相关理论
供应链的组织机构及相关理论
食品分类、食品安全及冷链系统安全理论
系统结构理论、可靠性理论及系统协同机制
理论基础与因素分析
第3章 果蔬冷链系统结构分析及安全风险识别
果蔬冷链物流模式分析
果蔬冷链物流系统结构ISM模型
果蔬冷链系统安全风险识别
第4章 果蔬冷链物流系统安全评价
果蔬冷链物流系统安全评价指标体系
果蔬冷链物流系统安全风险模糊综合评价
基于GO-FLOW果蔬冷链物流系统安全评价
第5章 基于Multi-Agent果蔬冷链物流系统的结构优化
果蔬冷链系统Multi-Agent体系建模
果蔬冷链物流系统结构体系优化
第6章 果蔬冷链物流系统配送中心物流运作优化
果蔬冷链配送中心系统描述
果蔬冷链配送中心Anylogic建模
第7章 果蔬冷链物流系统库存控制优化
果蔬冷链物流系统库存模式
基于VMI果蔬冷链系统库存控制SD模型
模型及应用研究
第8章 结论与展望
总结

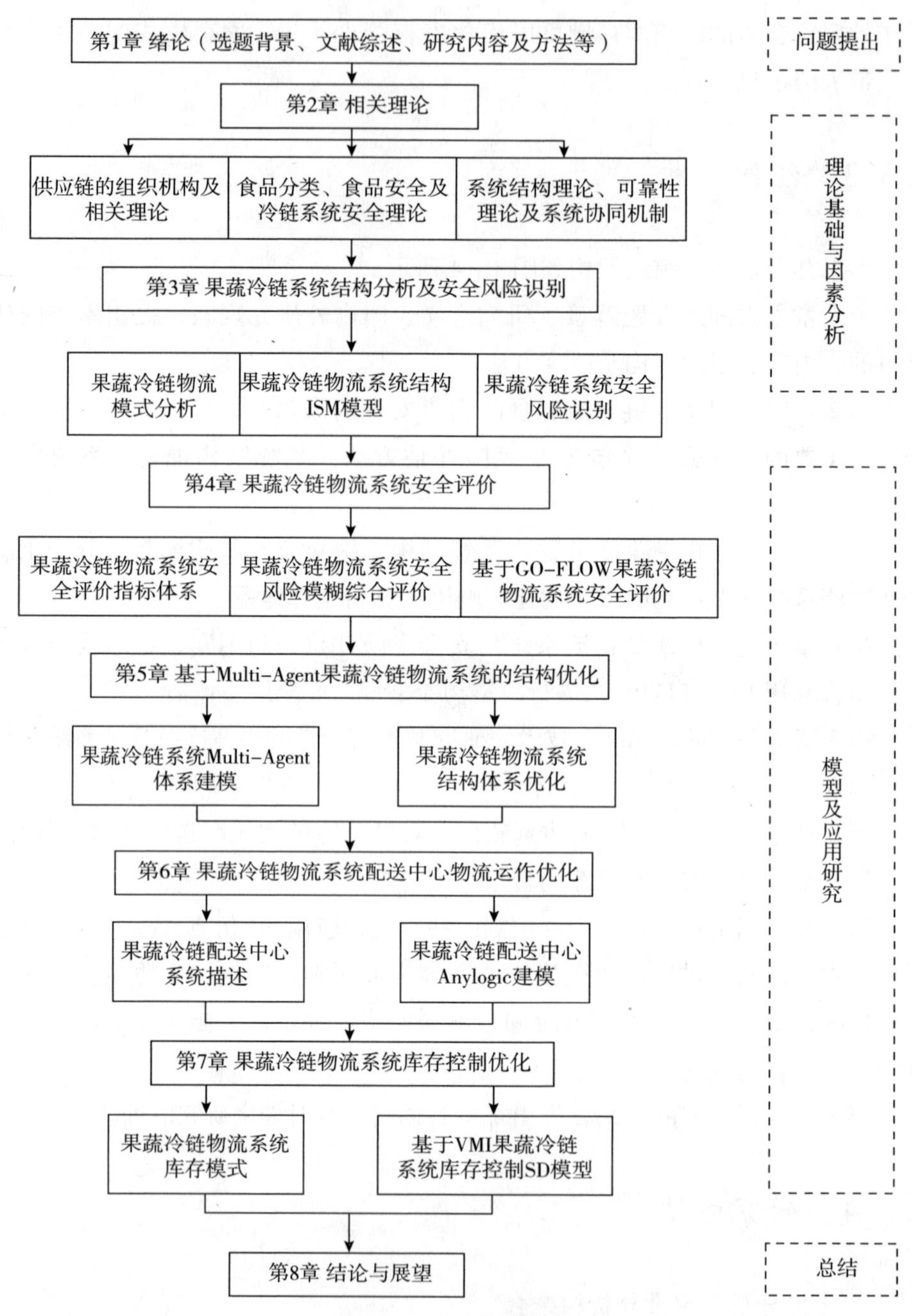

图1-4 本书组织结构

分析，然后在定量方面采用 GO - FLOW 法、Multi - Agent 技术、仿真建模法（Anylogic 和 SD 仿真技术）对果蔬冷链物流安全评价、配送中心资源综合优化、VMI 两级供应链模式下的库存控制等进行分析。

2. 多学科理论支撑

综合运用系统论、控制论、物流相关理论、协同学等多学科理论研究果蔬冷链物流安全评价及优化的问题。

果蔬冷链物流系统是由不同性质不同层次的要素构成的复杂系统。应用系统论提出果蔬冷链物流系统的结构、理论框架，对果蔬冷链物流系统安全风险进行系统分析、评价、构建指标，并进行物流环节的优化。

应用控制论理论分析果蔬冷链物流系统安全管理，安全控制是通过信息反馈来揭示成效与目标值之间的差，并进行纠正，使系统稳定在预定的安全目标状态。

应用物流相关理论分析食品冷链物流系统的含义、特征、构成要素等具体内容。

系统的协同目标是通过某种方法组织或调控所研究的系统，使之从无序转换为有序，达到协调状态。系统协同程度越高，输出的效能越大。果蔬冷链物流系统是典型的需要协调的系统。本书应用协同理论分析果蔬冷链物流系统的自组织结构、序参数及其有效性，从而从更深层次揭示系统运行的规律。

3. 理论分析与实证分析相结合

食品冷链物流研究内容广泛，本书选择与实践密切联系的果蔬冷链物流系统，力求使研究来源于实践，服务于实践。通过对文献的学习研究和借鉴，沿着物流系统理论发展的内在逻辑思路，从理论上阐述了食品冷链物流系统的结构、构成要素及特性等，应用可靠性理论分析了果蔬冷链物流系统的安全风险内涵及评价体系。然后，选择长沙市大型的果蔬批发市场、超市、冷库等进行实地调研，收集果蔬冷链物流相关运作主体、客体、设施设备的运作情况等物流实践对理论进行验证。

2 食品冷链物流系统安全相关理论基础

食品冷链物流系统安全相关理论与方法主要有供应链理论、食品理论、系统协同理论、系统安全可靠性理论等。在理论研究的基础上，本书对食品冷链物流系统安全风险评估方法及影响因素进行分析。

2.1 供应链理论

供应链是经济发展到一定阶段的产物。初级供应链主要是涉及企业的物料采购、库存、生产及销售等部门职能协调问题，仅仅被视为是企业内部的一个物流过程。进入 20 世纪 90 年代，随着需求环境的变化，消费者、最终客户被纳入供应链范围，供应链成为涵盖整个生产经营运作过程的增值链。随着信息技术与网络技术的高速发展，传统的分销渠道运作朝着更强调合作的方向发展，人们逐渐将资源获取延伸到企业之外的其他企业，供应链也由单线链转向非线性的网链转变，供应链成为一种新型的管理方法体系与运营管理思维和模式。

2.1.1 供应链的组织结构

供应链的组织结构按发展阶段不同分为链式结构和网络结构。

1. 链式结构

传统供应链以一种链式拓扑结构为依托，这种链式结构主要有单一型、扩展型和综合型三种类型。

单一型供应链有核心企业、供应商与客户三类主体，相邻主体相联系。在研究中，作为简化高级复杂供应链的研究，仅研究相邻关系，如图2 -1所示。

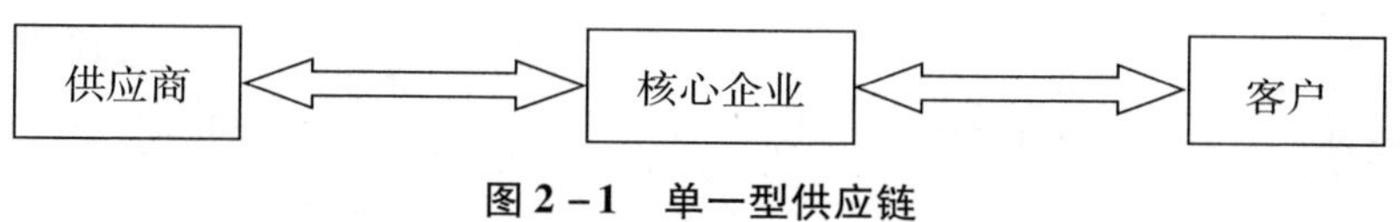

图 2－1 单一型供应链

扩展型供应链是单一型供应链的延伸，属于多级供应链，扩展型供应链包括供应商的供应商，客户的客户，如图 2－2 所示。

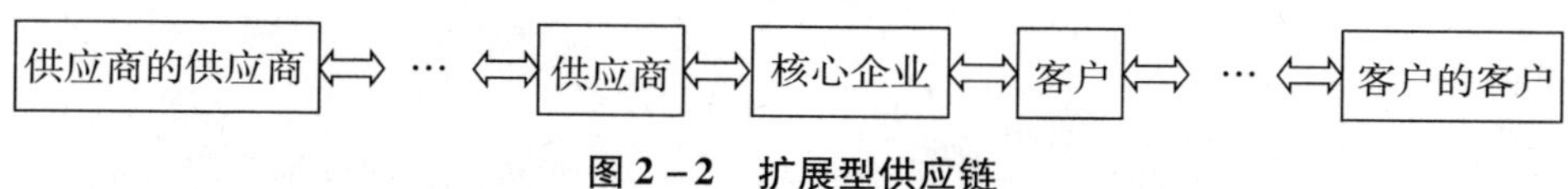

图 2－2 扩展型供应链

综合型供应链也属于多级供应链，增加了市场调查服务、金融服务、物流服务等多个节点，实现部分业务社会化，从而使链上的核心企业更加专注于发展核心业务，提高企业竞争力，供应链结构呈现网络化的趋势，如图 2－3 所示。

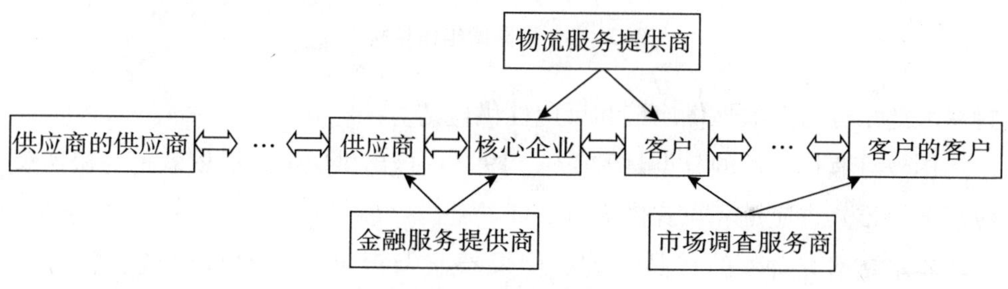

图 2－3 综合型供应链

2．**供需网结构**

供需网是由节点企业、供应链联盟或虚拟企业、传统的供应链等组织形态构成的网络结构。在供需网络结构中，无核心企业，也无须联盟，网中的节点企业均是平等的，各节点企业按国际公认的规则开展各项业务，从而克服传统供应链的局限性，如图 2－4 所示。

2.1.2 供应链的分类

根据不同的分类标准，供应链可分为多种类别。根据供应链的稳定性分为动态的供应链和稳定的供应链；根据用户需求容量与关系可分为倾斜供应链和平衡供应链；根据供应链的供应模式（物理功能与市场中介功能）可以

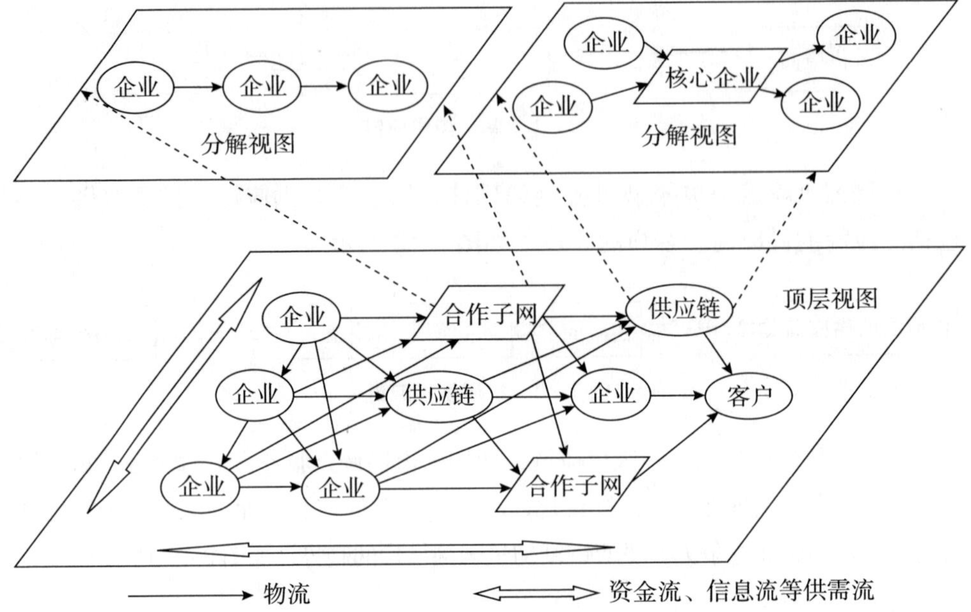

图 2－4 供需网组织结构

将供应链划分为有效性供应链和反应性供应链。

国外具有代表性的分类是 Fisher（1997）提出供应链可以依效率与快速反应区分为推式供应链和拉式供应链。

本书按研究对象的产品类型、构成要素及温度要求对供应链进行分类（见图 2－5）。供应链是一条连接供应商到用户的物料链、信息链、资金链的增值链，因此其构成要素可分为信息流、物流、资金流，信息流指挥物流，物流带动资金流。供应链管理实际上是对节点企业、物流、资金流、信息流的集成管理。其中物流是连接供应链各节点企业的纽带；供应链按产品的不同类型分为革新性产品和功能性产品，革新性产品强调对用户需求的快速反应，如计算机、时装等。功能性产品需求具有稳定性与可预测性，一般用于满足用户的基本要求，如食品、家电、药品等，这类产品的供应链管理强调减少供应链的物理功能的成本，供应链的运作不可避免受物品性质特点的影响；供应链按是否具有温度要求，分为常温链与冷（热）链，一般物品的供应链属于常温供应链。热链主要存在于用餐配送加工过程中，主要是将食物烧熟后加温保温，使盒饭在食用前中心温度始终保持在 65℃以上，且规定在 4 小时内食用。一般生鲜食品需在冷链的条件下保持其品质。冷链与热链需特殊运作设备与技术，安全风险相对一般常温供应链更大，成本也更高。

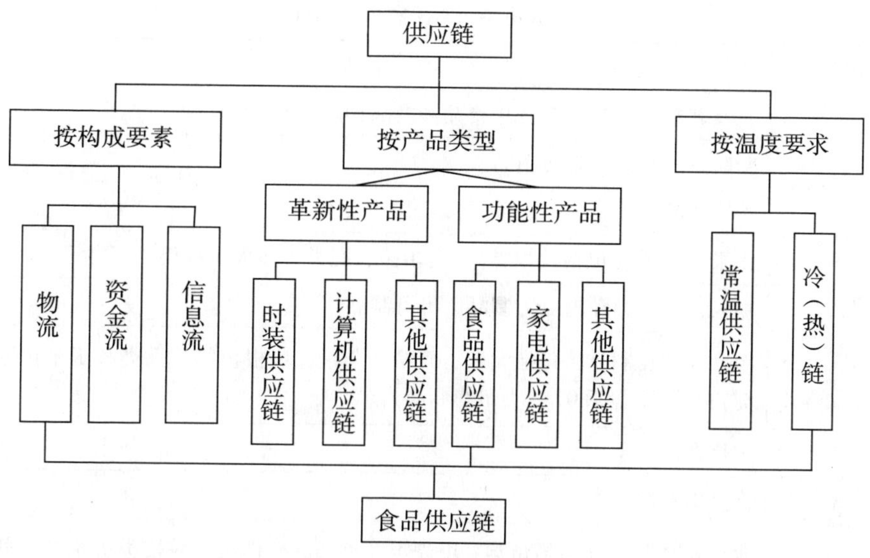

图2－5 供应链的分类

本书研究食品冷链物流系统主要涵盖了物流、食品供应链、冷链的主要特性。

2.2 食品相关理论

果蔬冷链物流是食品冷链物流的重要部分，食品冷链物流相对其他物品物流系统而言有其不同特性，食品相关理论也是研究所需的理论基础。

2.2.1 食品的分类

食物含有生命机体所需的脂肪、碳水化合物、蛋白质或水等成分，是能够满足人类或生物正常生活需求，有利于寿命延长的物质。对人类而言，食物是不可缺少的营养品，没有食物，人类无法生存。

食品是加工了的食物，是供人食用或饮用的成品和原料，食品包括既是食品又是药品的物品，但不包括以治疗为目的的物品。根据卫生部在2011年6月颁布实施的食品安全国家标准（GB 2760—2011）调整了食品的分类系统，将食品分为以下 16 大类（见表 2－1）。

表 2－1　　食品分类表（GB 2760—2011）

序号	类别
1	乳及乳制品（特殊膳食用食品涉及品种除外）
2	脂肪，油和乳化脂肪制品
3	冷冻饮品
4	水果、蔬菜（包括块根类）、食用菌、豆类、坚果及籽类、藻类等
5	糖果、巧克力和巧克力制品、可可制品
6	粮食及粮食制品，包括大米、面粉、杂粮、块根植物、豆类和玉米提取的淀粉等（不包括 07.0 类焙烤制品）
7	焙烤食品
8	肉及肉制品
9	水产及其制品（包括鱼类、甲壳类、贝类、软体类、棘皮类等水产及其加工制品等）
10	调味品
11	蛋及蛋制品
12	甜味料，包括蜂蜜
13	特殊膳食用食品
14	饮料类
15	酒类
16	其他类（第 1～15 类除外）

资料来源：食品添加剂使用标准（GB 2760—2011）中华人民共和国卫生部 http://www.nhfpc.gov.cn/zwgkzt/cybz/201106/6f3bebb264e24f588b453655bf463d8a.shtml。

以上 16 种品类的食品按加工与否分为原料食品和加工食品两大类。

原料食品包括植物性食品、动物性食品和矿物性食品，原料食品按品质与生理特性分为生鲜食品、粮豆类食品和鲜活食品。鲜活食品如水果、蔬菜、鲜蛋和水产品，这些食品一般具有呼吸作用，植物性鲜活食品呼吸作用的强弱与其储藏环境及生命特性相关。

加工食品是经过加工以后的食品。根据加工方法与技术的不同，分为冷冻食品、烘烤食品、辐照食品等。

在现代生活中，人们享受科技发展与进步带来生活变化，同时对健康、长寿的需求也日趋增强。随着人们营养保健意识与环保意识的增强，各种新型的食品不断问世。近年来出现了方便食品、保健食品、绿色食品、有机食品、转基因食品等新型食品。

本书重点关注鲜活食品和生鲜食品，鲜活食品和生鲜食品属于易腐性食品，需要经过冷冻或冷藏防止食品变质，因此，它们需要冷链物流。这是本书研究的意义所在。

2.2.2 果蔬农产品分类

果蔬是指水果和蔬菜，它们是有机物质，体内含有多种增进人体营养、维持人们身体健康的维他命，是人体矿物质、维生素及膳食纤维的重要来源。因此果蔬食品是人们每天必须购买的消费品。果蔬也和其他生物一样，不断在呼吸中生长，都经历着发芽、开花、结种子及枯萎的生长过程，但是当它们离开母体（土地）以后，就无法摄取养分和水分，其同化作用停止，异化作用仍正常进行，因此不断消耗本身的能量和水分，从而造成枯萎、软化、腐烂。

果蔬的品项一般在 100 ~ 150 项之间，常用的水果和蔬菜的分类如表 2 -2、表 2 -3 所示。随季节而变化，顾客可从中挑选购买自己所喜好的品项。

表 2 -2　　水果按果实特征分类情况

果实类别	果实特征	举例
核果类	果实由子房发育而成，外果皮薄，中果果肉丰厚，内果皮木质化、坚硬成核、核中有仁	桃、李、杏、梅等
仁果类	果实由花托发育而成	苹果、梨、山楂等
浆果类	果实浆汁含量高，果皮较薄	葡萄、草莓、猕猴桃、石榴、柿子等
柑橘类	内果多呈薄膜状的缝合的瓤瓣，瓣内多浆汁、有种子	柑、橘、橙、柚、柠檬等

续 表

果实类别	果实特征	举例
聚复果类	多果聚合或心皮合成的复果	树菠面包果、番荔枝和刺番荔枝等
荔枝类	果肉新鲜时呈半透明凝脂状，味香美	荔枝、龙眼和韶子等
瓜类	葫芦科重要果蔬植物	西瓜、哈密瓜、香瓜、木瓜、菜瓜等
坚果类	有坚硬的外果皮，里面包含着油质的可食种子	榛子、杏仁、核桃、腰果等

根据食用器官的形态，可将蔬菜植物（食用菌等特殊种类除外）分为根菜类、叶菜类、茎菜类、花菜类、果菜类五类（见表2－3）。

表2－3　　　　蔬菜按食用器官分类

类别	小类	举例
根菜类	肉质根类（以肥大主根为产品）	萝卜、胡萝卜、大头菜（根用芥菜）、芜菁、芜菁甘蓝、根用甜菜、美洲防风、婆罗门参等
	块根类（以侧根或营养芽生发的根为产品）	牛蒡、豆薯、葛
叶菜类	普通叶菜类	小白菜、油菜、芹菜、菠菜、茼蒿、苋菜、茴香、散叶莴苣、蕹菜、落葵、紫苏、叶用芥菜等
	结球叶菜类	结球甘蓝、大白菜、结球莴苣、包心芥菜等
	香辛叶菜类	葱、韭菜、芫荽（香菜）、茴香等
茎菜类	鳞茎类	洋葱、大蒜、百合等
	块茎类	马铃薯、菊芋、山药、草石蚕等
	根状茎类	藕、姜
	球茎类	慈姑、芋、荸荠等
	嫩茎类	石刁柏、竹笋
	肉质茎类	莴笋、茭白、茎用芥菜、球茎甘蓝等

续 表

类别	小类	举例
花菜类	花器类	金针菜、朝鲜蓟
	花枝类	花椰菜、青花菜、菜薹、菜心、芥蓝
果菜类	瓠果类	南瓜、西瓜、甜瓜、黄瓜、丝瓜、苦瓜、瓠瓜等
	浆果类	茄子、番茄、辣椒
	荚果类	菜豆、豇豆、刀豆、蚕豆、豌豆、毛豆、黄秋葵等
	杂果类	甜玉米、菱角、芡实等

温度与湿度是影响果蔬质量的两大重要因素，也是流通过程中可控制因素，一般果蔬在流通过程中温度应控制在5℃~8℃，湿度在90%~95%，周转天数1~7天，具体品种的温度与湿度及周转期如表2-4和表2-5所示。

表2-4　蔬菜品类的温度与湿度要求

蔬菜品类	温度（℃）	湿度（%）	周转期（天）
根茎类	室温	70~85	7
叶菜类	0~5	95~100	1
菇菌类	0~5	95	1
豆类	1~5	95	1
果菜类	7~12	90~95	3
瓜类	7~10	95	3~4
水生类	0~5	95~100	1~2
豆制品	5~10		1

表2-5　主要水果品类的温度与湿度要求

水果品类	温度（℃）	湿度（%）	周转期（天）
苹果类	0~4	90	3~7
梨类	0~4	90~95	3~7
橙类	4~6	85~90	3~7
柑橘类	11~12	90~95	3~7

续 表

水果品类	温度（℃）	湿度（%）	周转期（天）
西柚/柠檬	6～10	85～90	3～7
桃子	0～4	90	3
李子类	0～4	90～95	3～5
樱桃类	0～4	90～95	2
石榴	0～4	90～95	3～5
柿子	0～4	90～95	3～5
葡萄类	0～4	90～95	3～4
草莓	0～4	90～95	1
猕猴桃	0～4	98～100	7
荔枝	室温	85～90	1
龙眼	室温	85～90	2
香蕉类	12～15	85～90	3～7
芒果类	5～12	85～90	3～7
杨梅	0～4	90	1
枇杷	12～15	80～90	5～7
瓜类	12～15	80～90	5～7
椰青	0～4	90	3
火龙果	0～4	90～95	3～5
热带水果	室温	85～90	3～5

中国的蔬菜、水果产量居世界首位，果蔬农产品也是最具出口潜力的农产品。然而近年来，随着生态环境的恶化，大气、水质、空气污染以及人为操作造成的污染致使水果蔬菜受到严重污染，中毒事件屡有发生，果蔬农产品食品安全问题引起广泛关注。本书主要研究需要冷藏的果蔬类生鲜农产品流通各环节的安全风险与成本效率的问题。

2.2.3 食品安全理论

1. 食品安全的定义

人们习惯将食品安全与食品卫生混在一起，对于食品安全的概念单独提出以后，并没有统一而明确的定义。国内外相关组织及学者提出了不同的理解。世界卫生组织（World Health Organization，WHO）（1987）将食品安全（Food Safety）和食品卫生（Food Hygiene）等同，将其定义为“生产、加工、储存、分配和制作食品过程中，确保食品安全可靠，有益于健康并且适合人消费的种种必要条件和担保”。1996 年，WHO 区分了食品卫生与食品安全两个概念，指出食品安全是制作或食用食品时担保消费者健康不会受到损害，而食品卫生的范围比食品安全稍窄一些，是确保食品安全适用所采取的一切条件与措施。食品安全强调结果，食品卫生强调的是为了达到结果而进行的过程控制。

中国的《食品卫生法》（1995）第 6 条对食品的描述体现了食品应达到的要求：一是应无害无毒，不能对人的身体造成任何危害；二是具有相应的营养，能满足人体正常生理功能的需求；三是食品应有色、香、味的性状，能使人凭感觉判断其性质与状态。

食品安全是一个发展的概念，不同的国家对食品安全风险的认识程度不一，甚至同一个国家在不同发展时期，因为食品安全风险程度不同，食品安全的目标与内容也不相同。食品及其成分是否安全不能仅看其是否含有害有毒物质，更应该看是否造成实际危害。食品安全问题的发生与传播，不仅严重损害和威胁消费者的人身安全与健康，也给食品相关产业带来了巨大的经济损失。

2. 影响食品安全的因素

从生产前，经生产、加工、流通到最终销售环节，安全隐患贯穿于整个食品供应链，供应链越长，安全风险发生的概率就越大。食品供应链的不同环节存在不同的安全风险，在生产前环节主要是产地的环境问题，主要表现为大气污染以及土壤的水体污染或重金属超标；在生产、加工与流通环节，主要是操作不当或设备故障等原因导致食品安全问题，表现在生产环节农药和生长激素的投入用量、时间、用法上的不规范，造成食品中农药残留、重金属等超标，以及流通加工过程中微生物或添加剂人为污染等。

食品污染是影响食品安全的主要问题。食品供应链诸多不安全因素存在于各环节之中，具体有生物的、化学的、物理的因素，这些因素经常相互作用，造成食品腐败与变质。

（1）生物的因素。

地球上微生物数以万计，但与食品有关的微生物有数百种。生物性污染是指有害的微生物，如细菌、真菌、寄生虫等污染食品。在食品生产和保存过程中某些微生物的生长能起到有益的作用。如在发酵食品行业中应用最广泛的乳酸菌，用于酿醋的醋酸菌，用于啤酒、白酒酿造和面包制作的酵母菌等。但是除了用特定条件培养的有益菌以外，微生物在食品中生长繁殖是引起食品腐败变质的主要原因。在食品加工、运输、存储过程中均有可能产生生物性污染。中国中南、华东地区气候潮湿，黄曲霉毒素的污染较为普遍，特别是对花生、玉米、大米等食品而言。全世界平均每年有2%的谷物因霉变不能食用，造成巨大的经济损失。

食品的温度控制不当会导致微生物引起的食品腐败变质，保证食品的新鲜度是为了抵制微生物的生长。温度在5℃以下的环境中，各种微生物繁殖会得到明显的抵制。但并不是所有食物均适宜于低温，许多蔬菜如黄瓜、苦瓜、西葫芦等在7℃以下容易受微生物侵染或受到冷害，冷害的症状表现为表面呈水煮状、组织软腐、变苦等。

（2）化学的因素。

化学性污染主要指汞、镉等化学物质对食品的污染，化学性污染来源于农用药物、食品包装及容器、添加剂等。主要表现为农产品生产环境中农药、化肥、生长激素的不规范用量、用法造成食品中农药残留、重金属、硝酸盐等含量超标；流通加工过程中使用不合卫生和安全要求的食品添加剂，使用质量不合要求的包装容器，导致铅、氯乙烯单体、多氯联苯、苯等转移至食品，造成化学性污染；同时工业中的不合理排放造成的环境污染也通过食品链危害人体健康。

（3）物理的因素。

物理性污染主要是指在生产、流通加工过程中杂质超过一定含量，或食品吸附放射性核素而引起质量安全的问题。如食品在生产加工、运输流通、存储、销售过程中，混入杂物、灰尘或磁性金属物等，或在加工过程中故意掺假，如在肉中注水、在奶粉中加大量的糖等。虽然有的杂物并不直接影响人体健康，但对食品营养和感官产生了严重影响，食品质量得不到保证。

物理污染还包括放射性污染，其主要来自放射性物质的开采、冶炼、生产、应用及意外事故造成的污染。食品放射性物质污染来源于土壤及水污染的农作物，并通过食物链进行转移。

2.2.4　食品冷冻冷藏原理及技术

食品冷冻冷藏的原理是：食品中存在的微生物和酶的作用会引起食物的腐败变质。在温度较低的范围内（冰点以上），食品中的微生物生长速度会减缓，当温度低于冰点以下时，一般微生物会停止生长，温度抑制了酶的反应，因此食品在一定时间内的低温储藏情况下不易腐败变质。

1. 温度对微生物的影响

温度对微生物的生长有重要影响。根据微生物对温度的耐受程度，可将微生物分为嗜冷菌、嗜温菌和嗜热菌，各自的适应生长温度如表 2－6 所示。当温度低于适宜的温度时，微生物的活动能力会减弱，因此减缓其生长繁殖速度可通过降低温度来实现。

表 2－6　微生物的适应生长温度

类群	最低温度（℃）	最适温度（℃）	最高温度（℃）	举例
嗜冷菌	－10～5	10～20	20～40	水和冷库中的微生物
嗜温菌	10～15	25～40	40～50	腐败菌、病原菌
嗜热菌	40～45	55～75	60～80	温泉、堆肥中的微生物

2. 低温对酶的影响

抑制酶的活性可以通过低温来实现，但低温并不会使其钝化。温度系数 Q_{10} 可用来表示温度对酶活性的影响，大多数酶活性化学反应的 Q 值在 2～3 的范围内，也就是说温度每降低 10℃，酶的活性会降低至原来的 1/3～1/2。降低温度能够降低酶促反应的速度，延缓食品的腐败。但是低温只能抑制酶活性而不能破坏酶活性，只要反应介质还存在，就会发生酶促反应。一般说来，温度降低到－18℃才能有效地抑制酶的活性，但冻制品解冻后酶将重新活跃，使食品变质。通常为防止果蔬质量降低，在对其进行低温处理之前需先进行灭酶处理。

相对于动物食品而言，低温对植物食品特别是低温环境下生长的植物中酶的影响较小。

2.3 系统相关理论

系统科学创立于20世纪后半叶，经过半个多世纪的发展，系统科学已经成为一个新兴学科群。加拿大籍奥地利理论生物学家贝塔朗菲（Ludwig von Bertalanffv，1901—1972）是公认的一般系统论的创始人。

2.3.1 系统结构理论

结构问题是系统科学的基本问题。系统的结构对系统的属性、功能和价值起着决定性作用，研究系统的内部结构是了解系统运行与行为规律的前提。

国内外许多著名学者早对结构问题进行了深入的研究，20世纪以来甚至形成了一个影响巨大的结构主义思潮。皮亚杰（1979）在《结构主义》一书中指出结构包含三个特性：整体性、转换性和自身调整性。系统是由相互关联的各元素构成。结构问题归纳起来主要是3个基本问题：①构成系统的元素（部件）；②系统各元素（部件）之间的关系；③它们的关系对系统整体的影响。

1. 元素与要素

系统由若干元素组成，元素是系统的部件，是不可再分的“基本单元”。元素的属性是系统整体所赋予的，同时元素影响系统，部分牵动全局。

要素指的是主要元素，是指对整体性质和结构起主要和关键作用的元素。在系统中起主要作用的称为基本要素。如人体的大脑和心脏，对于人体来说是起主要作用的基本要素。只在某一个特殊时刻起主要作用的称为关键要素，关键要素是起着“瓶颈”作用的元素。如进门时的门栓，一旦打开门就不起作用了，这就是关键要素。

各部分所占成本及发挥效能的多少往往成为衡量其重要程度的标准。系统中各元素地位与作用往往不平衡（见图2-6），小部分的元素（如20%的元素）占了大部分成本（如80%的成本）。曲线图表明，要降低成本就要降低要素的成本，这是解决问题的重点。

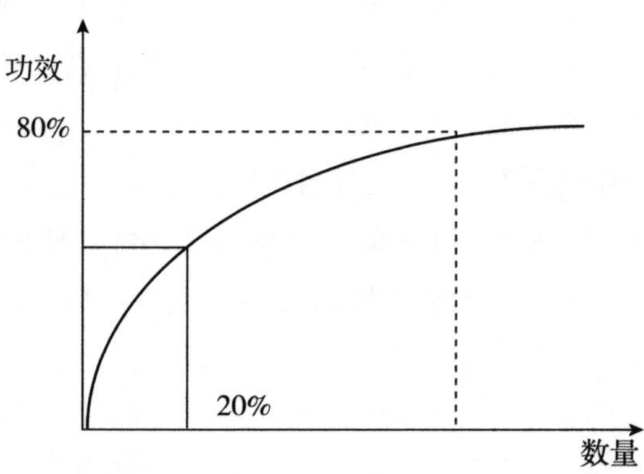

图2－6 二八曲线：成本与功效的非线性关系

2. **关联与整体构型**

研究系统结构不仅要研究系统由哪些元素构成，而且要研究它是怎样构成的。系统构成包括元素间的关系以及元素与整体的关系两个层面。

关联是指元素之间直接关系整体属性的那一部分的关系。关联是系统结构的基础，系统的整体构架就是由各种关联按特定方式组成的。元素间的关联数可运用排列组合法则进行计算。

设 n 为元素个数，最大关联数为：

$$A_n^k = n(n-1)(n-2)\cdots(n-k+1) = \frac{n!}{(n-k)!}$$

如表2－7所示，当只考虑2元素间的联系时，$k=2$。

表2－7 元素个数与最大关联数对应情况

n	最大关联数
2	2
3	6
4	12
5	20

关联是从元素与要素层次来研究系统结构的，而关联之上还有高层次的整体关联，也就是系统整体布局、秩序及构架。

在系统中，各元素按次序（秩序）进行组织。系统科学研究中不乏对序的研究，其中最有代表性的是对熵与负熵的研究。如普里高津的耗散结构理论，就是从热力学第二定律出发提出来的，耗散结构是一种依靠与外界交换物质、能量与信息来维持和发展自身有序性的特殊系统。熵是对系统无序程度的度量，而负熵是度量系统的有序程度。

系统的整体结构称为整体秩序，也称为系统的整体构型。有 4 种基本的拓扑构型：对偶型（见图2－7）、星型（见图2－8）、环型（见图2－9）和嵌套型。系统实际构型往往是这几种的混合或组合，以一种立体网络的形式出现。

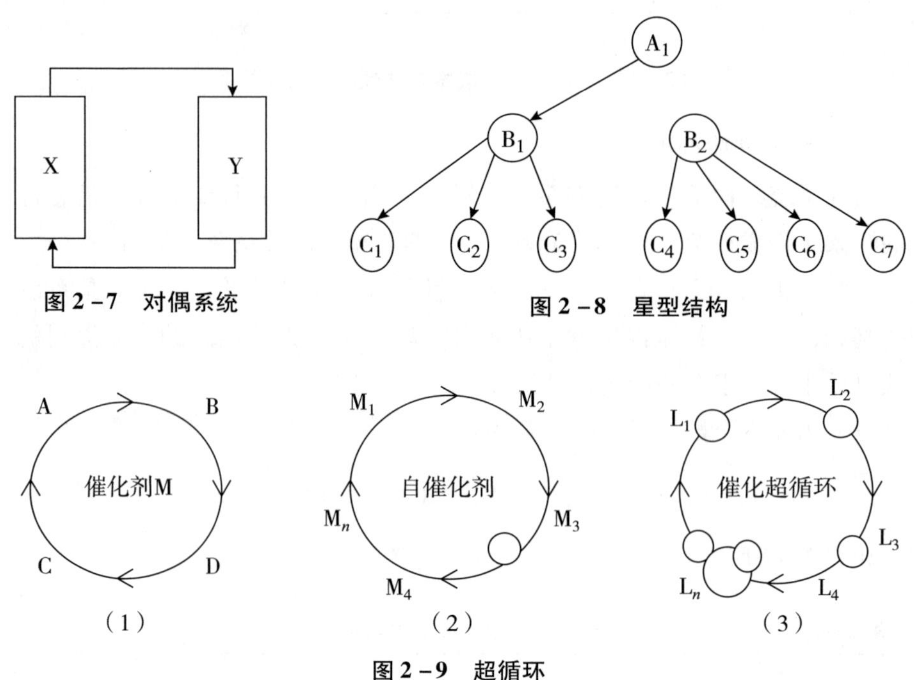

图 2－7 对偶系统

图 2－8 星型结构

图 2－9 超循环

3. **系统的层次性**

系统具有层次性，层次性是系统的一种基本特征。不同层次的事物或元素具有不同的规律和属性，相同层次的事物或元素具有一些共同的特点，如服从同样的运动规律，或有着大体相同的属性。

系统是相互关系相互作用的若干要素构成的整体，也可以说是由一系列子系统组成，并且存在一定的层次结构。不同系统内部层次的划分不同，总体可分为宏观、中观和微观三个层次。相对系统整体来说，构成系统的分系统或元素是系统的微观层，系统的背景与环境层为宏观层，处于中间地位的为中观层。协同学创始人哈肯据此提出“中观方法”，用以研究所有系统的自组织。中观方法主要是从所研究的对象中划分出一个“微观大、宏观小”的中间层次作为主要的研究对象。

要提高系统的效率需厘清系统整体与各要素之间、要素与要素之间的层次关系。否则，如果系统层次混乱，系统结构不合理，则必然导致系统功能减弱或抵消，因此系统功效会降低。

2.3.2 系统可靠性理论

关于可靠性的研究始于20世纪40年代美国对电子真空管的失效分析。系统可靠性体现在系统在规定条件、时间内完成规定功能的能力。通过分析系统的可靠度来有效控制系统故障与恢复系统。

1. 可靠度

在规定时间和条件下系统或单元能完成规定功能的概率称为可靠度，一般记为R，它是时间的函数，所以也记为$R(t)$，称为可靠性函数。

$$R(t)=1-F(t)=\frac{N-n(t)}{N} \tag{2-1}$$

可靠度函数具有以下性质：

①是非增函数；

②$R(0)=1$，$R(\infty)=0$；

③$0\leqslant R(t)\leqslant 1$。

可靠性分析是指估算能在规定时间和条件下系统或单元能完成规定功能的概率。如果用T表示系统单元工作至故障或失效的时间，t表示某一时刻，失效的密度函数为$f(t)$，则该单元在该时刻的可靠度为：

$$R(t)=P(T>t)=\int_t^{\infty} f(t)\mathrm{d}t \tag{2-2}$$

可靠度函数$R(t)$与失效分布函数$F(t)$及失效密度函数$f(t)$之间的关系如图2-10所示。

2. 可靠性逻辑图

可靠性逻辑图是基于可靠性角度，用方框与连线描述系统与单元间关系，描述的是单元发生失效或故障时系统功能受到的影响。图2-11（a）为电路

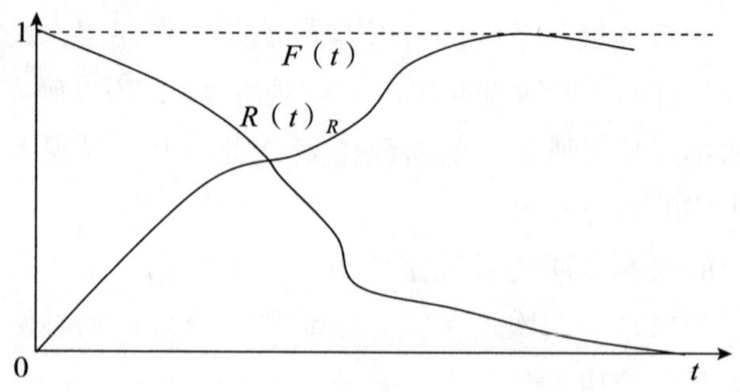

图 2－10　R（t）与 F（t）的关系

功能图，表示最简单的振荡电路，图中只有一个电容（C）与一个电感（L），其中任意一个失效或故障均会造成振荡电路故障。图 2－11（b）表示振荡电路串联连接的可靠性逻辑。

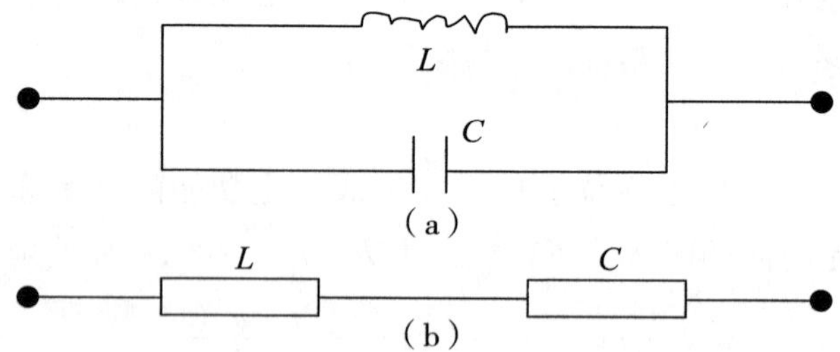

图 2－11　振荡电路功能和可靠性逻辑

3. 串联系统的可靠度

串联系统中有 n 个单元部件，其中某单元发生故障会使整个系统失效。串联系统的可靠性逻辑图如图 2－12 所示。

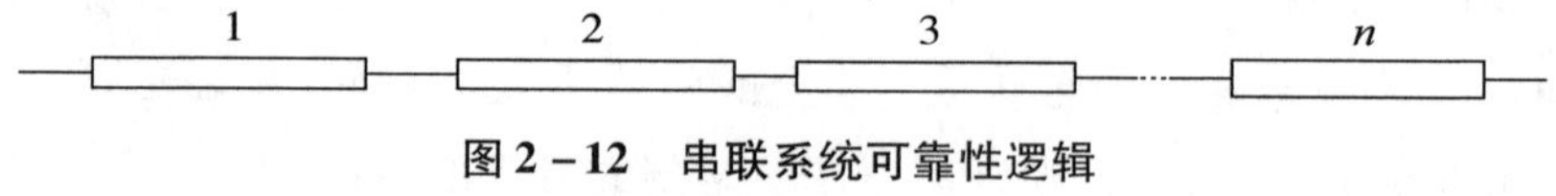

图 2－12　串联系统可靠性逻辑

在 n 单元部件中，设第 i 单元的寿命为 x_i，可靠度为 $R_i = R\{x_i > t\}$（$i=1, 2, \cdots, n$），假定 x_1，x_2，…，x_n 各随机变量相互独立。t 时系统故障率为：

$$F(t) = \bigcup_{i=1}^{n} F(t) \qquad (2-3)$$

故系统的可靠度为：

$$R(t) = \prod_{i=1}^{n} R_i(t) \qquad (2-4)$$

当系统失效率为常数时，系统可靠度为：

$$R(t)=1-F(t)=e^{-\lambda_s t} \quad (2-5)$$

因此，一个由独立单元组成的串联系统的失效率是所有单元失效率之和。在串联系统中，工作时间 t 与单元个数均对系统失效产生作用，缩短工作时间或减少单元数均可提高系统的可靠性。

对于串联模型而言系统可靠度小于或等于系统中最不可靠单元的可靠度，即：

$$R(t) \leqslant \min\{R_i\}, i=1,2,\cdots,n \quad (2-6)$$

4. 并联系统的可靠度

并联系统由 n 个单元组成，如果一个单元正常，则系统能正常运行，只有当所有单元都发生故障时系统才会失效。图 2－13 为并联系统的可靠性逻辑图。系统可靠度为：

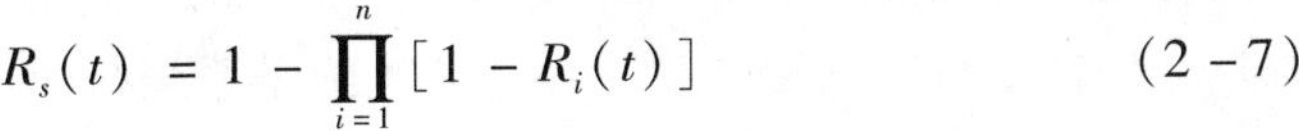

$$R_s(t)=1-\prod_{i=1}^{n}[1-R_i(t)] \quad (2-7)$$

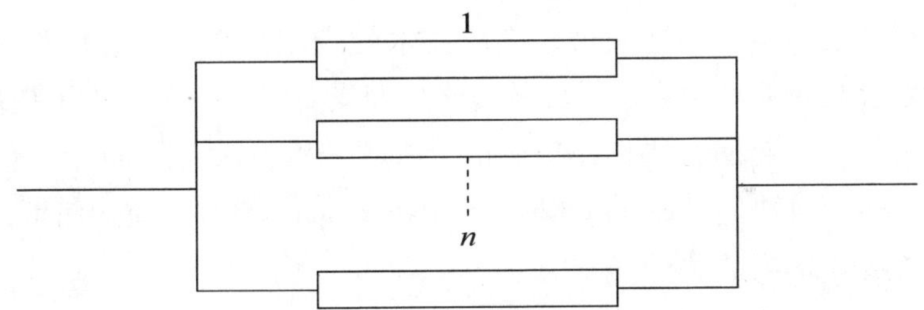

图 2－13　并联系统可靠性逻辑

2.3.3　系统协同机制

协同学是一门研究系统从无序到有序的演化规律的新兴综合性学科。协同理论认为，系统尽管存在各种差异，但在整体环境中，系统之间存在互相影响与合作的关系。系统是由多个元素或多个子系统构成，这些“元件”不是简单凑合，而是一个“牵一发而动全身”的有机整体。在系统形成与发展过程中，子系统或元件间通常采取各种不同形式相互作用。系统为了争夺主动权与控制权进行竞争，然而为了共同的利益和目标需进行分工协作，这种竞争与协作的结果，必然使得每个系统（将成为更大系统的元素或部件即子系统）受到整体和其他子系统（元件）的“约束”。整体得以存在和发展就要求其子系统相互配合、协同工作、各尽其能。各子系统处在系统之中，要得到系统的保护和其他系统的支持，就必须服务系统对它的约束。

系部内部各业务流程、内部组织、人员及环境围绕系统目标相互配合与协作，则系统将产生“1 +1 >2”的协同效应；如果系统内部各部分相互掣肘、离散，则系统会冲突不断，内耗增加，各系统要素的基本功能难以正常发挥，致使整个系统效率低下，混乱无序。

1. **序参量及役使理论**

在系统运动过程中有许多控制参量，根据参数在临界点有无阻尼现象分为快变量与慢变量，快变量在临界点阻尼大、衰减快，而慢变量无阻尼、无衰减，系统演化进程主要由慢变量主导，慢变量对系统演化结果起着支配和控制作用。

役使原理是无论对于何种系统的内部元素、部件或子系统的竞争与协同，必然导致多数服务少数的“役使”，这是系统自组织的必然结果，用一句话来概括，即快变量服从慢变量，序参量支配子系统行为。

2. **供应链协同**

随着计算机网络的高速发展，集成技术的应用，企业相互协作、业务外包等能有效提高企业竞争力。供应链战略也经受着巨大变革，为了提高“链”竞争力，链上各企业相互协作，集成链上各项资源（物流、资金、信息）与业务流程，供应链协同（Supply Chain Collaboration，SCC）应运而生，并日益受到企业界与学术界的关注。

SCC 具有网络化、智能化和敏捷化的特征。供应链上若干具有合作关系的节点企业构成多维的网络结构；以现代信息技术为支撑，利用信息系统共享链上的数据与信息，建立智能合作系统，以最佳方式为客户提供满意服务，最大限度实现潜在的价值；基于供应链角度，进行绩效评价的同时，注重柔性、敏捷反应客户的需求，达到“利益”共享目标。

2.4 食品冷链系统安全理论

2.4.1 食品冷链系统安全概念

目前国内外对食品物流安全没有统一的明确的定义，依据现有系统安全理论及食品冷链物流系统的相关研究，本书将食品冷链物流安全定义为：应用系统安全工程及管理方法，辨识食品冷链物流过程中（包括冷链运输、控温储藏、冷链包装、冷链加工等）的危险源，并采取控制其危险性的有效措施，使消费者免受伤害的一种担保。定义体现以下含义：①物流过程中操作不当可能会产生食品安全的危险源；②食品冷链系统安全需应用系统安全工程和系统安全管理的方法；③食品冷链系统安全是对消费者的一种质量担保。

2.4.2 影响食品冷链系统安全的主要因素

食品冷链系统是一种始终应处于低温的供应链系统，低温物流给食品安全、防止污染、减少损耗提供了前提。本书基于系统安全的角度，将影响食品冷链系统安全的因素分为设备设施因素、人为因素、环境因素及信息因素。

1. 物流设施设备对食品冷链系统安全的影响

冷链设施设备在其技术特性、成本、布局及专用功能方面与普通设施设备不同，食品冷链系统通常需要专用物流设施设备，如冷藏仓库、保温集装箱等。由于生鲜食品的易腐特性，在物流过程中经常会出现损耗，因此，食品冷链对物流设施设备的安全可靠性有较高的要求。然而冷链专用设施设备往往固定成本较高，在企业决策时须考虑安全性提高与成本增加之间的平衡。设施布局会影响冷链系统的网络结构、冷藏运输时间与路线，进而影响系统的安全可靠性。

2. 人为因素对食品冷链系统安全的影响

食品在冷链物流的各环节因为人力因素的影响往往对食品安全造成潜在的危害。食品冷链人为因素造成的危害分析如表 2-8 所示。

表 2-8　人为因素对食品冷链系统安全的影响分析

作业环节	人为因素造成的潜在危害
采购环节	农药、添加剂及配料问题；操作不当引入杂质；货物数量、品类不符等
装卸搬运	操作不当，包装破损，杂质引入，细菌繁殖，食品变质等
运输配送	控温不当导致食品变质；运输设备消毒不净造成污染；货物集中运输引发交叉污染；人为导致货物倾倒、杂质引入造成污染等

续 表

作业环节	人为因素造成的潜在危害
储存	储存控温控湿不当引发食品变质；货物集中储存引发交叉污染；不合理堆放导致货物损坏变质等
分拣	分拣区控温不当引发食品变质；作业人员及设备消毒不净引发食品受污染变质；操作不当导致货物破损及杂质进入引发污染变质等
流通加工	温度、湿度、微生物数量不达标造成食品污染；作业时间长、数量积压引发食品变质；操作人员及设备消毒不净造成生物及化学污染等

将 HACCP 提出的预防性思维应用在食品冷链物流过程中，对食品原料、流通加工以及影响食品安全的人力因素的潜在危害进行分析，并对关键点予以控制，在危害发生前采取相应的措施以减少危害带来的损失，而不是通过最终检验来保证食品安全。

3. 环境因素对食品冷链系统安全的影响

温度是微生物生长繁殖的重要环境条件。为了保证食品质量安全，减少损耗，食品冷链系统的各环节应始终处于必需的低温环境下。美国的 Arstel 等人于 1948—1958 年根据大量的实验研究，总结出了冷冻食品品质保证的 T. T. T 原理（Time – Temperature – Tolerance）。左尔补充提出了 P. P. P 原理，增加了原料（Product）、包装（Package）以及冻前处理和速冻加工（Processing）等因素。P. P. P 决定了速冻产品的早期质量，T. T. T 决定了速冻产品的最终质量。

一般情况下，食品在物流过程中，品质衰减程度与时间、温度及活化能、气体等密切相关，可以用以下表达式：

$$\frac{dq}{dt} = kq^n \tag{2-8}$$

式中，q——是食品的品质；

k——为反应速率；

n——为反应阶。

反应速率取决于环境条件（如温度），反应阶是整数 0 和 1，分别表示线性和指数品质衰败（见图 2 – 14）。图中 B 曲线表示鱼、鲜肉等食品的品质变化服从一阶反应方程；新鲜果蔬食品等品质腐败取决于新陈代谢的速率，其品质变化服从零阶反应方程（如图2－14中A直线）。

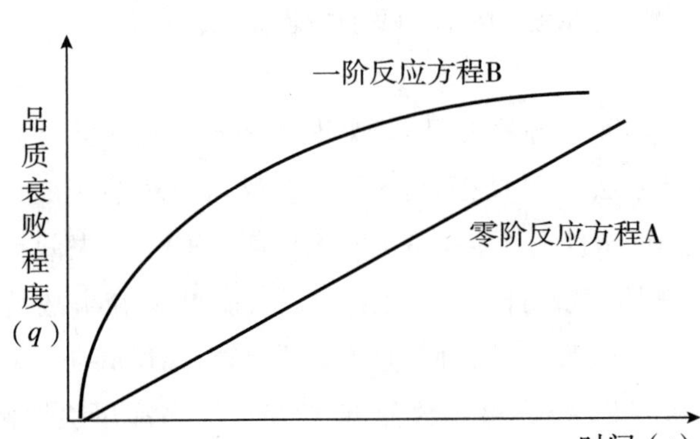

图2－14　食品品质变化曲线

4. 信息因素对食品冷链系统安全的影响

在食品冷链物流过程中，物流信息在各主体的不同层次环节之间流动，承担着各子系统间衔接和配合的职能，是系统安全运行的基础与保证。食品冷链物流信息主要包括物流设备信息（条码、RFID、GPS、GIS及温度湿度红外遥感控制等）和物流管理信息（MIS、DSS、ERP等）。在冷链物流实际运作中，时间、温度与湿度等关键要素的信息对于降低食品安全风险、提高冷链绩效来说至关重要。

食品冷链物流系统中的主要信息包括食品的原料产地、在途状态、食品品质信息、需求信息、温度监控信息、食品保持期、包装要求、订单信息等。其中最为重要的信息为食品储存环境的实时温度状况，这是保证食品品质的关键指标。食品冷链物流各环节中，需对食品所处环境的温度变化实时监控，应用信息管理系统及时调整温度的异常变化，减少食品温度的波动。

信息在食品冷链物流系统中发挥着无可替代的作用，因此利用数据采集技术、网络技术、现代通信技术等收集各种物流信息，以“信息库存”替代实物库存，可以减少食品物流过程中无谓的停滞，降低食品的各种损耗，预防外界环境对食品质量安全可能产生的危害。通过对食品从原料到最终运送到消费者手中的全程信息进行收集，可实现食品安全追溯，从而准确定位食品安全问题的源头，及时召回问题食品，并降低由此带来的严重影响。

2.4.3 冷链物流系统风险评估理论及方法

系统的安全风险评价方法按评价结果的量化程度分类可分为定性和定量评价。定性的评价方法主要是根据经验和直观判断对系统的设施、设备、环境、人员及管理进行定性分析，如安全检查表（SCL）、失效模式与影响分析（FMEA）等。定量的评价方法是在大量分析实验结果和事故统计资料基础上获得的指标或规律，对系统各方面进行定量计算，评价结果是一些定量的指标，如故障数分析（FTA）、事件数分析（ETA）、概率风险评价法等。

系统安全评价定性与定量方法在某些领域的研究取得了一定的作用，但存在通用性差的问题。目前在冷链系统安全评价中还缺乏定量分析。邹毅峰（2010）基于微生物学与系统可靠度理论构建了冷链物流安全评估指标与可靠度模型，进行了量化研究。祁山舢等（2013）从确立安全可靠度模型的方法、安全可靠度指标、权重系数、鲁棒性等方面分析了冷链物流安全可靠度评价中存在的问题，并从应用科学方法选取指标、综合打分、客观赋权、信息共享渠道、扩展指标体系等方面提出相应对策建议。现有研究物流系统安全可靠性文献基本是将物流系统看成一个黑箱（Black - box），很少有文献深入研究物流系统的内部结构，研究系统单元的逻辑组成对物流系统安全的影响。因此本书的研究将应用系统可靠性理论、系统协同理论，分析冷链物流系统的逻辑结构，建立果蔬冷链物流系统安全评价指标，并在此基础上研究在安全性条件下物流系统优化的问题。

2.5 本章小结

供应链是经济发展到一定阶段的产物。供应链一体化是供应链管理的基本模式。食品冷链物流系统涵盖了物流、食品供应链、冷链的主要特性，与其他物流系统相比，其系统安全性要求更高，由此带来的投资与成本也高于一般物流系统。果蔬生鲜食品属于易腐性食品，需要经过冷冻或冷藏防止食品变质，因此，它们需要冷链物流。不同品类的果蔬农产品具有不同的温度和湿度要求，以及相应的安全的周转期。安全性是食品品质的特性之一，食品供应链诸多不安全因素存在于各环节之中，在冷链物流过程中，食品的安全性主要受设备设施、人为因素、环境及信息管理的影响。评估食品冷链系统安全性有定性与定量评价方法，应用定量与定性结合的评价方法，结合系统可靠性理论、系统协同理论，研究分析冷链系统的逻辑结构，建立系统安全评价指标，研究系统安全性及其优化的问题有一定创新性与挑战性。

3 果蔬冷链系统结构分析及安全风险识别

由于果蔬农产品自身具有其物理属性与经济属性，果蔬冷链系统具有不同于其他物流系统的诸多特性。要对果蔬冷链物流系统进行安全评价必须要分析其功能与特性。因此，本章首先分析果蔬冷链物流系统的结构，界定研究对象的边界，并在此基础上分析影响系统安全的因素。

3.1 果蔬冷链物流模式

3.1.1 以批发市场为主导的果蔬冷链物流模式

果蔬农产品流通中居于主导地位的是批发市场，终端为连锁超市与农贸市场。这种以批发市场为中心的果蔬流通模式是典型的“散—聚—散”的物流模式。果蔬批发商对相对分散的果蔬种植户的果蔬农产品进行收购后，汇集到果蔬农产品批发大市场，在批发商与客户交易后，直接卖给农贸市场、超市、酒店或食堂等销售终端，并最终出售给消费者，从而形成以农贸市场和连锁超市并存为终端的果蔬农产品流通体系。

以农贸市场为终端的果蔬农产品流通体系有三个流通渠道，如图 3－1 所示，一是果蔬种植户到产地农贸市场，通过本地的果蔬农产品零售商直接销售给本地消费者；二是果蔬农产品收购商集货后，直接销往销地批发市场，在销地批发市场进行配送，然后进入农贸市场这一零售终端，最终到达消费者或直接进入酒店或食堂；三是果蔬农产品种植户自己集货后，通过本地果蔬批发市场进行果蔬农产品运输转移，运到销地批发市场，再通过销地的一级或二级批发进入到农贸市场的小摊贩手中。

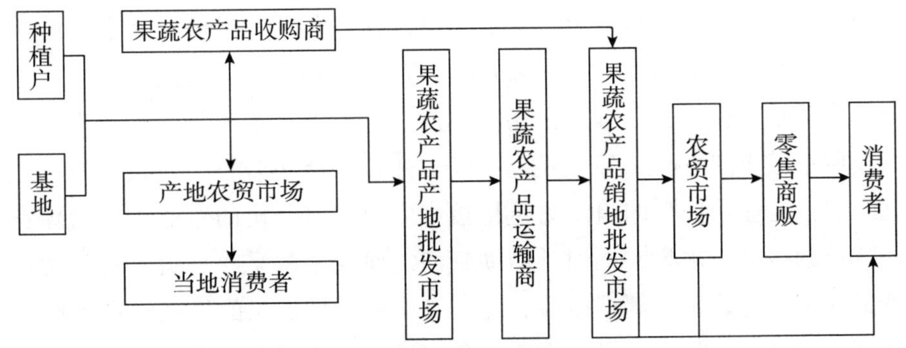

图 3－1 农贸市场果蔬农产品流通渠道示意

虽然以农贸市场为终端的果蔬农产品流通体系仍然是目前的主要渠道，但以连锁超市为终端的果蔬农产品流通体系也正在逐步发展成为一个比较完善的果蔬农产品流通体系，如图 3－2 所示，它是通过超市与种植户和种植基地签订契约委托其进行生产，经过收购、配送等环节，将果蔬农产品输送至连锁超市。此种模式环节少，利于产品质量安全监控。

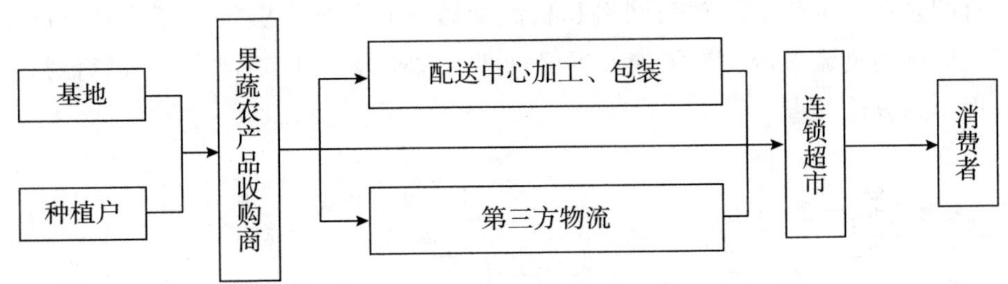

图 3－2 连锁超市果蔬农产品流通渠道示意

传统的以批发市场为主导的果蔬冷链物流模式存在一些问题，果蔬从农户到消费者手中，经过了层层流通环节，无形中不仅增加了流通周期和环节，还提高了损耗率，加上果蔬农产品本身的易腐性，导致食品安全得不到有力保障；此外，农户也会因找不到市场，遭受农产品积压带来的损失，最为关键的是，果蔬冷链物流易被割裂，致使消费者对食品安全失去信心。

3.1.2 “公司＋合作社＋基地”果蔬冷链物流模式

“公司＋合作社＋基地”的果蔬冷链物流模式是一种跨地域的联盟与合

作。这种模式在中国发展时间较短，但推广速度很快。目前很多农业产业化的龙头企业采取这种形式。在“公司+合作社+基地”供应链模式中，公司具有非常关键的作用，一方面公司在主产区建立产后加工物流配送中心，并在主要中心城市建立城市物流配送中心，用以衔接小农户，对接大市场。公司通过农民专业合作社的组织力量衔接小农户，以公司的专业优势指导农户种植优质的蔬菜、水果，同时，借助其稳定而安全的采收渠道，及公司专业的产品加工、包装、仓储、冷藏、配送等业务，将优质的果蔬输送到国内国际市场，满足客户需求；另一方面，公司通过战略引导，充分发挥下属企业与物流配送中心的功能作用，建立农产品全过程供应链管理服务体系，实现从产地到零售终端、从田园到餐桌的一体化服务。

在“公司+合作社+基地”的果蔬冷链物流模式中，如图3-3所示，公司整合小规模、分散的果蔬种植基地，引导和推动农业化与品牌建设，组织并协助合作社及果蔬农户进行果园出境登记，将传统粗放、散乱的果蔬种植提升为组织化、规模化、科学化的新型高效规范的生产体系。公司凭借自身拥有的完善的全球果蔬营销网络和物流配送中心等核心资源，搭建果蔬产供销一体化的物流平台，与国内外进出口商、农业合作社、种植户等进行对接，实现多方合作共赢。

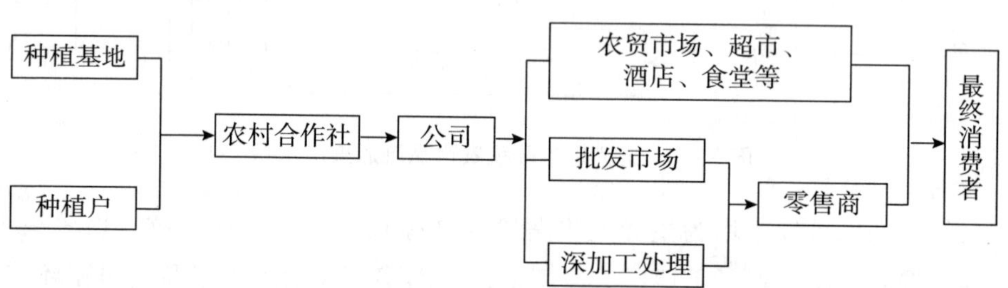

图3-3 “公司+合作社+基地”果蔬冷链物流模式

“公司+合作社+基地”的果蔬冷链物流模式存在四大特色：①公司参与农户种植；②需求市场建立在农户家门口；③全程冷链运输、配送与储存，食品安全得到保障；④有利于品牌建设。

3.1.3 “超市＋农产品加工（合作社）＋基地”果蔬冷链物流模式

20 世纪 90 年代中期以来，我国的超市迅速发展，目前已成为城市消费者购物的主要场所。“超市＋农产品加工（合作社）＋基地”的果蔬冷链物流模式得到了快速扩张。国外发达国家农产品超市销售比例为 70%～80%，而中国农超对接比重仅为 15% 左右。

在农超对接冷链物流模式中，超市处于核心地位，因为超市拥有先进的销售设施、物流设备、技术以及现代化的经营理念，同农贸市场、个体经营户相比，更加重视所经营的农产品的质量安全；另外超市具备可靠的标识系统，能动态追溯农产品的生产、流通过程中的质量安全。如图 3－4 所示，农产品加工企业（合作社）在适合生产质量安全的果蔬产地，与分散的小规模的农户或种植基地签订合同，农产品加工企业（合作社）提供农药、种子、化肥以及种植技术，并以保护农户利益的价格收购果蔬农产品；果蔬农产品通过加工企业（合作社）直接进入超市的配送中心进行处理和包装，然后进入超市的卖场，最后到达消费者手中。“超市＋农产品加工（合作社）＋基地”的果蔬冷链物流模式需要超市拥有较高的管理水平，同时也产生较高的运行成本，目前中国的大部分超市并不具备建立配送中心的能力，因而该种模式在整个果蔬供应链体系中应用的比例并不高，随着超市网络的不断完善，超市经营管理水平提高，这种供应链的应用将越来越广泛。

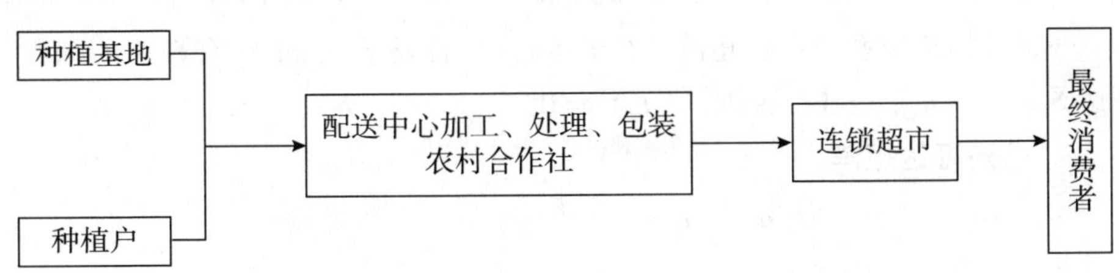

图 3－4　“超市＋农产品加工（合作社）＋基地”果蔬冷链物流模式

由于果蔬农产品的消费者的收入、偏好、安全认知等方面还存在一定程度的差异，因此，虽然以批发市场为中心的果蔬冷链物流模式还存在一些问题，但在目前也不可能被其他供应链模式所取代。2008 年 12 月 11 日，农业部、商务部联合部署“农超对接”试点工作。2011 年以来，随着《关于完善农业生产资料流通体系的意见》“双百工程”“农超对接”等项目的不断实施，果蔬农产品物流网络体系、生产资料的配送中心不断完善，配送效率及信息化程度大大提高。2011 年，国家投资 6.4 亿元支持 8 个省份开展农产品现代流通综合试点，包括批发市场、农贸市场的升级改造、农超对接、南菜北运等。

3.2 果蔬冷链物流系统结构

研究果蔬冷链物流系统首要问题就是要弄清功能要素之间的关系，也就是需要弄清所谓的“系统结构模型”。

3.2.1 基本假定与步骤

建立系统结构模型，一般都是通过可达矩阵来实现的，目前运用解释结构模型技术（Interpretative Structural Modeling Method，ISM）建立系统结构模型是一种系统的方法，这种方法的基本思想是通过对矩阵的逻辑运算与分析来建立系统结构模型。通常的方法是对系统各单元的可达集逐一分析，有的还要分析其先行集，这种方法步骤烦琐，且计算量大。本书主要采用消三角形分析方法建立果蔬冷链物流系统结构模型。

1. 基本假定

设系统 S 是一个包含 n 个单元要素 S_1，S_1，…，S_n 的集合，$S=\{S_1, S_2, \cdots, S_n\}$，$R$ 为系统可达矩阵，$R=(a_{ij})$。若要素 S_i 对 S_j 有影响，则称 S_i 可达 S_j，且 $(a_{ij})=1$，否则，$(a_{ij})=0$。

2. 已知可达矩阵

$$R=\begin{matrix} S_1 \\ S_2 \\ \vdots \\ S_n \end{matrix}\begin{bmatrix} a_{11} & a_{12} & \cdots & a_{1n} \\ a_{21} & a_{22} & \cdots & a_{2n} \\ \vdots & \vdots & \vdots & \vdots \\ a_{n1} & a_{n2} & \cdots & a_{nn} \end{bmatrix} \quad 其中，a_{ij}=\begin{cases} 1 \\ 0 \end{cases}$$

3. 分级原则

第一级为无出度顶点，设为 L_1，第二级为 1 步可达 L_1 中的顶点，如某顶点需 2 步达 L_1 则不为第二级，依此类推。例如要素 S_j 为系统 S 的无出度顶点，则 S_j 除本身外没有其他任何单元可以到达，表示为 $L_1 = \{S_j\}$ ，若要素 S_i 一步达要素 S_j ，则 $L_2 = \{S_i\}$ 。一般地，如果除去 S_i 本身，以及系统 S 的所有一级，二级，…，$l-1$ 级单元外，S_i 没有其他任何单元可到达，则 S_i 称为系统 S 的 l 级单元。

4. 消三角形法

在根据可达矩阵分析画图时，若出现要素呈现出三角形关系，如 $z \to x \to y, z \to y$ 时，则删去弧 (z,y) ，这种方法就称为消三角形法。

5. 基本步骤

第 1 步，系统结构要素分析，编制要素关系表；

第 2 步，建邻接矩阵，求可达矩阵；

第 3 步，根据可达矩阵求 $\sum_{i=1}^{n} a_{ij} \underset{=}{\Delta} a_j (j = 1,2,\cdots,n)$ ，对所得 a_j 从小到大进行排列；

第 4 步，结合有向图由 $\vec{a}$ 从小到大依次处理每一列；

第 5 步，按分级原则整理出结构模型。

3.2.2 果蔬冷链物流系统 ISM 结构模型的构建

1. 系统结构要素分析

系统要素的主要和关键作用是相对于某时刻的整体结构与功能而言的。系统是由若干具有基本功能的要素支撑而成的，对基本要素进行分析实际上是对系统内部基本功能的研究。在果蔬冷链物流系统中，承担着物流系统输入、处理、存储、输出等功能的物流节点（如农户、批发市场等）都是非常重要的功能要素。

根据果蔬农产品物流系统的主体与物流功能结合绘制出目前果蔬冷链物流体系流程图（见图 3－5）。

根据果蔬农产品物流流程所示，农户与农业生产基地是产地节点，是系统的输入点，是由从事农业生产经营相关的农民或企业参与组织的农民专业合作社；批发市场、配送中心、加工企业等是果蔬农产品流通的中间节点，主要承担果蔬农产品产后的集散、加工与交易功能，其中批发市场有产地的

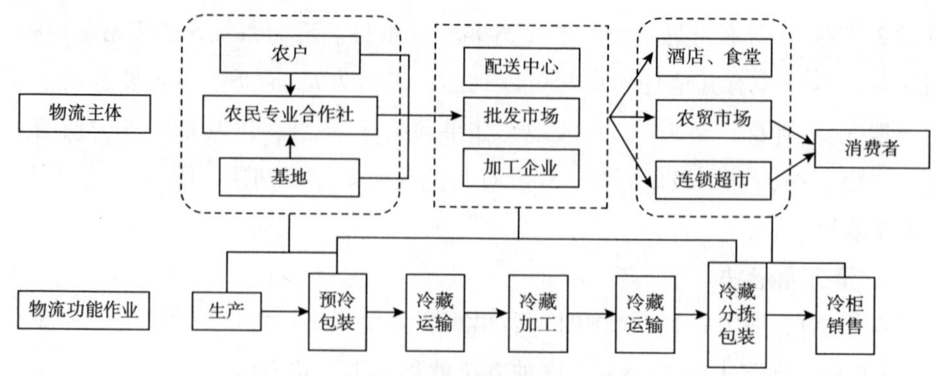

图 3－5　果蔬冷链物流系统流程

批发市场与销地的批发市场之分，产地批发市场一般位于农产品集中生产地，主要承担农产品收购、产地冷藏、交易等业务，销地批发市场一般位于城市，是具有一定辐射范围的多功能的农产品交易市场，销地批发市场的规模因城市规模而定；果蔬农产品配送中心的基本功能可以概括为“配送、储藏、连接”，即对农产品、技术、信息实行双向配送，建立冷库和仓储中心，储藏果蔬农产品，增强保鲜储藏功能，连接会员（包括农户、各农民专业合作社、各优质农产品生产和加工基地），连接需求者（包括产销地批发商、城区各大企业的食堂、超市、酒店和农贸市场），实现果蔬农产品快速流通；果蔬农产品加工企业分为产后初加工和产后深加工企业，初加工是不改变果蔬农产品原有的物理与化学特性，加工后向生鲜配送中心、批发市场、零售终端（超市、农贸市场等）输出，如果蔬等农产品；深加工一般则改变农产品大部分特性，如果酱等，目前国内农产品加工企业多为深加工，加工后也是输往上述批发零售环节。超市生鲜卖场、农贸市场、生鲜连锁店等是果蔬农产品的零售终端，以各自的运营方式存在于果蔬农产品销售物流的环节；酒店、饭堂（饭馆食堂）是果蔬农产品消费场所，最终消费者是果蔬农产品物流系统的最终点，也是系统服务的用户。

我们将果蔬冷链物流系统分为农户、基地、农民专业合作社、产地批发市场、销地批发市场、配送中心、加工企业、连锁超市、农贸市场、生鲜专卖、酒店饭堂、消费者。这些要素之间存在着直接的因果关系。我们把上述因素设为 S_i（$i=1, 2, \cdots, 12$），分析各物流结构要素之间的关系，建立要素关系表，如表 3－1 所示。

表 3-1 **果蔬农产品物流结构要素关系**

	S_1	S_2	S_3	S_4	S_5	S_6	S_7	S_8	S_9	S_{10}	S_{11}	S_{12}
S_1			供应	供应			供应		供应			
S_2			供应	供应	供应	供应	供应	供应		供应	供应	
S_3				供应	供应	供应	供应	供应		供应	供应	
S_4					批发	批发	批发	批发	批发			
S_5						批发	批发	批发	批发		批发	
S_6								配送		配送	配送	
S_7						加工		加工	加工	加工	加工	
S_8											零售	零售
S_9											零售	零售
S_{10}											专卖	专卖
S_{11}												消费
S_{12}												

2. 建立邻接矩阵

如果我们用 S_i 表示要素 $(i)(i=1,2,\cdots,12)$，根据要素关系表建立邻接矩阵 R。

$$R=\begin{array}{c} S_1\\S_2\\S_3\\S_4\\S_5\\S_6\\S_7\\S_8\\S_9\\S_{10}\\S_{11}\\S_{12}\end{array}\begin{bmatrix}
0&0&1&1&0&0&1&0&1&0&0&0\\
0&0&1&1&1&1&1&1&0&1&1&0\\
0&0&0&1&1&1&1&1&0&1&1&0\\
0&0&0&0&1&1&1&1&1&0&0&0\\
0&0&0&0&0&1&1&1&1&0&1&0\\
0&0&0&0&0&0&0&1&0&1&1&0\\
0&0&0&0&0&1&0&1&1&1&1&0\\
0&0&0&0&0&0&0&0&0&0&1&1\\
0&0&0&0&0&0&0&0&0&0&1&1\\
0&0&0&0&0&0&0&0&0&0&1&1\\
0&0&0&0&0&0&0&0&0&0&0&1\\
0&0&0&0&0&0&0&0&0&0&0&0
\end{bmatrix}$$

根据邻接矩阵利用 Matlab 工具求出可达矩阵，令可达矩阵的各单元为

a_{ij}，其中有 $a_{ij} = \begin{cases} 1, S_i W S_j \\ 0, S_i \overline{W} S_j \end{cases}$ 式中，W 表示 S_i 与 S_j 有关，$\overline{W}$ 表示 S_i 与 S_j 无关，可达矩阵如下：

$$R' = \begin{matrix} S_1 \\ S_2 \\ S_3 \\ S_4 \\ S_5 \\ S_6 \\ S_7 \\ S_8 \\ S_9 \\ S_{10} \\ S_{11} \\ S_{12} \end{matrix} \begin{bmatrix} 1 & 0 & 1 & 1 & 0 & 0 & 1 & 0 & 1 & 0 & 0 & 0 \\ 0 & 1 & 1 & 1 & 1 & 1 & 1 & 1 & 0 & 1 & 1 & 0 \\ 0 & 0 & 1 & 1 & 1 & 1 & 1 & 1 & 0 & 1 & 1 & 0 \\ 0 & 0 & 0 & 1 & 1 & 1 & 1 & 1 & 1 & 0 & 0 & 0 \\ 0 & 0 & 0 & 0 & 1 & 1 & 1 & 1 & 1 & 0 & 1 & 0 \\ 0 & 0 & 0 & 0 & 0 & 1 & 0 & 1 & 0 & 1 & 1 & 0 \\ 0 & 0 & 0 & 0 & 0 & 1 & 1 & 1 & 1 & 1 & 1 & 0 \\ 0 & 0 & 0 & 0 & 0 & 0 & 0 & 1 & 0 & 0 & 1 & 1 \\ 0 & 0 & 0 & 0 & 0 & 0 & 0 & 0 & 1 & 0 & 1 & 1 \\ 0 & 0 & 0 & 0 & 0 & 0 & 0 & 0 & 0 & 1 & 1 & 1 \\ 0 & 0 & 0 & 0 & 0 & 0 & 0 & 0 & 0 & 0 & 1 & 1 \\ 0 & 0 & 0 & 0 & 0 & 0 & 0 & 0 & 0 & 0 & 0 & 1 \end{bmatrix}$$

3. 求 $\sum_{i=1}^{n} a_{ij} \underset{=}{\Delta} a_j (j = 1,2,\cdots,n)$，将 a_i 从小到大进行排列

相应的 a_i：（1 1 3 4 4 6 7 7 5 5 9 5），将所得 a_i 从小到大进行排列为：

$$\begin{matrix} & 1 & 1 & 3 & 4 & 4 & 5 & 5 & 5 & 6 & 6 & 7 & 9 \\ \vec{a} = & (1 & 2 & 3 & 4 & 5 & 9 & 10 & 12 & 6 & 7 & 8 & 11) \end{matrix} \underset{=}{\Delta} (a_1, a_2, \cdots, a_n)$$

4. 由 $\vec{a}$ 从小到大依次处理每一列

邻接矩阵中的第 j 列元素如果全部都为 0，则这一列所对应的要素 S_j 为输入端。在上述矩阵 R 中，对应 S_1，S_2 列全部为 0，则输入端为 S_1，S_2。如果第 i 行元素全部都为 0，则 S_i 为该系统的输出端。上述矩阵 R 中，对应 S_{12} 行全部为 0，要素 S_{12} 可确定为系统的输出端。

第 1 步，画出源点，即无入度的顶点，并且出度均相等，即 $a_1 = a_2 = \cdots = a_n$，画顶点 S_1，S_2（见图 3-6）；

第 2 步，画出顶点 S_3，并通过可达矩阵处理 S_3 对应的列，顶点 S_1，S_2 可到达 S_3（见图 3-7）；

第3步，画出顶点 S_4，S_5，由 S_4，S_5 对应的列可知，S_1，S_2，S_3 可到达顶点 S_4，而 S_1，S_2 均可达 S_3，故只要画出顶点 S_3 到顶点 S_4 的弧，同理顶点 S_5 可由顶点 S_4 直达（见图3－8）；

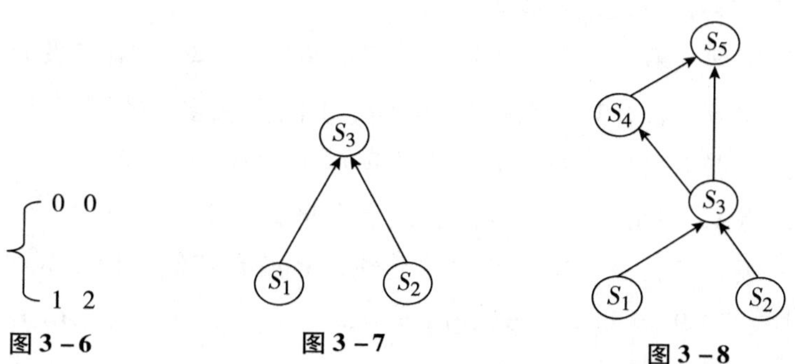

图3－6　图3－7　图3－8

第4步，画出顶点 S_9，S_{10}，S_{12}，由 S_9，S_{10}，S_{12} 对应的列可知，S_1，S_4，S_5，S_7 可达 S_9，因为 S_2，S_3，S_4 可到达 S_5，故只需画出顶点 S_5，S_7 到顶点 S_9 的弧；顶点 S_{10} 由顶点 S_6，S_7，S_2，S_3 到达，S_2，S_3 可达 S_6，S_7，故只需画出顶点 S_6，S_7 到顶点 S_{10} 的弧；顶点 S_{12} 由顶点 S_8，S_9，S_{10}，S_{11} 到达（以下步骤见图3－9）；

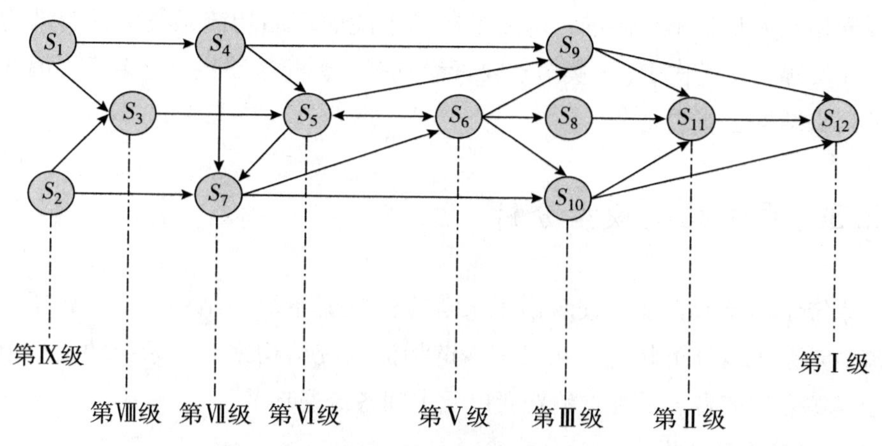

图3－9　果蔬冷链物流系统ISM结构模型

第5步，画出顶点 S_6，S_7，由于 S_6 对应列有 S_2 和 S_3，S_4，S_5，S_7 可到达，在此只需画出顶点 S_5 和 S_7 的弧；S_7 对应列有 S_1 和 S_2，S_3，S_4，S_5 可到达，在此只需画出顶点 S_4 和 S_5 的弧；

第6步，画出顶点 S_8，由 S_8 对应列有 S_2，S_3，S_4，S_5，S_6，S_7 可到达，

在此只需画出与顶点 S_6 的弧；

第7步，画出顶点 S_{11}，由 S_{11} 对应列有 S_2，S_3，S_5，S_6，S_7，S_8，S_9，S_{10} 可到达，因前述原因，在此只需画顶点 S_8，S_9，S_{10} 与 S_{11} 的弧。

5. 整理得出系统结构模型有向图

最后整理，第一级为无出度顶点，有 $L_1 = \{12\}$，第二级为一步可达 L_1 中的顶点构成，若有某顶点一步可达 L_1 中的存在多步方可达 L_1 的另一些顶点，则此顶点不属第二级，可一步达顶点 12 的有 11，顶点 8，9，10 需要 2 步到达顶点 12，因此 $L_2 = \{11\}$，余之类推，如果除去 S_i 本身，以及系统 S 的所有一级，二级，…，$L-1$ 级单元外，S_i 没有其他任何单元可到达。因而 $L_3 = \{10, 8, 9\}$，$L_4 = \{6\}$，$L_5 = \{5\}$，$L_6 = \{4, 7\}$，$L_7 = \{3\}$，$L_8 = \{1, 2\}$。

从图 3-9 可以看出，12 个影响果蔬冷链物流系统的主要要素可分为 8 级 3 类。其中第Ⅰ类要素（无入度顶点）是农户和基地，为系统的起源点；第Ⅱ类要素（农民专业合作社、批发市场等）是系统的支撑要素，也是影响果蔬冷链物流系统运作效率与安全的直接要素；第Ⅲ类（无出度顶点）为消费者，是系统的目标终点，目标需求的满足状况直接体现物流系统的质量。这 3 类要素相互关联、相互促进，构成了影响果蔬农产品物流系统的递阶结构关系。在实际物流运作中，3 类节点要素均有多个，配送路径也有多条，因此构成的网络结构也非常复杂。

3.2.3 系统结构模型分析

系统结构模型直观地表示出了果蔬冷链物流系统的结构要素、各要素间的流动及系统的分级状况。从果蔬冷链物流系统结构来看，系统的关键单元在于起源点生产者、最终点消费者以及中间各流通环节。

1. 生产要素分析

从系统结构模型可以看出，果蔬农产品的生产环节是系统的起点，也是系统驱动源。生产行为直接影响果蔬农产品的流通与消费，也直接影响农产品物流系统的运作方式与运作成本。中国农业生产小而散的现状，加上农产品生产与需求的分散性，使得农产品在产地需要进行集货，生产流通质量难以监控，直接影响系统安全性。在农产品生产环节中，影响生产行为的因素有农业生产政策、生产资料、自然条件、地域条件以及生产规模化程度等。生产者的经营绩效取决于生产组织、品质管理以及生产结构。

2. 流通要素分析

果蔬农产品的流通环节是物流系统的支撑部分。从系统结构模型可以看出，流通环节主要由产地集货、销地分销以及零售3部分构成。对于流通各环节而言，物流设施或设备的故障（控温设备故障、冷库温度控制、装卸设备，车辆等）、运输设备故障、物流操作人员失职失误、订单错误、信息平台故障、管理决策的失误等均对系统可靠性造成影响。

3. 消费要素分析

从系统结构模型中我们看到，果蔬农产品物流系统服务是以能否满足消费者的需求为目标。消费者对果蔬农产品物流的需求，除了数量与品类的要求，对物流时间与品质安全保证有更高的要求。另外，不同的消费者对果蔬农产品有着不同的偏好和习惯。中国消费者相对于西方消费者而言，更喜欢新鲜食品，对生鲜食品的品类、口味等方面要求具有多样性，对新鲜感与口感的需求具有模糊性。影响消费环节的主要因素是物流时间、货物品质、消费者行为习惯与偏好等。

在系统结构中由生产者、消费者以及中间流通环节组成不同的物流运作模式。主要有自产自销模式（生产者—批发市场—消费者）、批发市场模式（生产者—多级批发市场—农贸市场或超市—消费者）、直配模式（生产者—配送中心—超市或专卖店）以及深加工模式（生产者—加工企业—批发市场或零售终端—消费者）。信息化与网络化趋势使得果蔬农产品的物流运作模式受到很大的冲击，信息技术与现代物流技术的发展使系统各单元受到极大影响。系统信息的采集、物流过程的监控、物流信息的共享均可通过现代信息技术得以实现。果蔬农产品物流系统也在电子商务环境下向高效的直配模式演进。果蔬农产品物流时间缩短，新鲜度和品质也得到了有效保障。

果蔬冷链物流系统结构模型中包含物流系统的节点要素，是果蔬冷链物流系统中的执行主体，要素之间的交易用有向边表示。该模型是对果蔬农产品物流网络的描述，是一种以定性分析为主的模型，非常明晰地体现了各结构要素的级别与层次关系，揭示了各主体要素之间的相互逻辑关系，是分析农产品物流系统中要素选择是否合理，以及要素变动对整个系统安全性影响等问题的依据。

本书建立的系统结构模型只是反映了果蔬冷链物流系统的主要结构和最主要的交易关系，在此基础上开展实证方面的研究将具有非常重要的现实意义。

3.3 果蔬冷链系统安全风险识别

3.3.1 风险识别

供应链系统内外不确定的因素造成系统风险，会给链上成员和整个供应链带来损失与事故。加强风险管理的前提是进行风险识别，风险识别是对各类风险事件发生之前采用各种方法进行系统的、连续的识别和归类，并分析产生风险事件原因的过程。

风险识别有两个环节：感知风险和风险分析。了解客观存在的各种风险是感知风险；研究引发风险事件产生的各类因素是风险分析。识别风险是风险控制、转移和管理的前提和基础。

3.3.2 果蔬冷链系统安全风险识别

果蔬冷链系统安全风险识别是指分析果蔬冷链的相关环节、参与主体及系统所处环境，辨别影响果蔬冷链安全风险的因素，确定其来源及相互关联。

果蔬冷链系统安全风险具有以下特征：

（1）供应链安全风险具有传递性。果蔬冷链安全风险存在于从生产资料供应商传递到消费者的全过程，贯穿整个供应链。安全风险往往通过非预期的安全事故或质量问题暴露出来，风险在传递过程中会发生变化，出现安全问题的环节并不一定是风险的源头，供应链的节点越复杂，安全风险的形态也会越复杂。

（2）供应链安全风险具有潜伏性。果蔬农产品的安全风险有一定潜伏期，在具备相应环境条件时，就可能爆发安全事故，其表现为非预期的质量事故、安全问题，产品失效或产品功能无法实现。

（3）供应链安全风险主要表现为果蔬农产品质量与安全不能满足消费者

的需求。消费者对产品量的需求非常明确，但对果蔬农产品的质量与安全认知不那么直接，如果不能控制食品安全，会导致顾客对食品安全产生质疑，信任度下降。

果蔬冷链系统安全风险识别是应用风险相关理论与方法，结合实践经验、信息资料等，对安全风险进行判定与分析的过程。其识别过程从收集相关信息开始，借助于风险识别技术方法，分析识别果蔬冷链安全风险，根据风险分析形成风险来源、成因、形势等文档。

3.3.3 果蔬冷链系统安全风险来源及因素分析

风险管理与控制的主体对一般常见的风险可根据经验与常识进行识别和判断，根据一定的技术与方法来识别分析不易发觉的潜在风险。风险识别方法主要有德尔菲法、情景分析法、环境分析法、统计分析法等。

果蔬冷链系统安全风险是指果蔬冷链各环节所面临的对果蔬农产品造成损失的风险总和。从果蔬冷链安全风险的影响因素出发，可以将影响供应链安全的风险因素分为环境因素、设备与技术因素、人为失误和组织因素。

1. 果蔬种植环节的安全风险来源与因素分析

（1）环境因素。

①自然灾害：水灾、冰灾、地震、旱灾等自然灾害影响果蔬农产品生产，甚至造成毁灭性的损失。

②环境污染：水质污染、土地污染、大气污染等造成果蔬植物出现有毒、有害物质。

③政府因素：法律法规是否完善，法律的执行力、政府的监管力度均会影响果蔬农产品的质量安全。

④消费者认知：消费者对果蔬农产品安全要求及质量的认知水平将会督促种植户安全种植。

（2）设备与技术因素。

①农资设备：植物在培育、生长、收获等过程中所需的各项机械设备，如植保、控温、灌溉、收割等相关农资设备。设备是否完好直接影响种子的培育、植物的生长及果实的质量。

②肥料：植物生长所需的各类氮磷钾肥、有机肥等。肥料的正确使用直

接影响植物的安全。

③农药：植物生长经常遭受虫害、病害，会使用到各类杀虫农药与添加剂，各类农药及添加剂的使用需根据相应标准与规范进行，否则直接影响到果蔬农产品的品质安全。

④生产方式：标准化生产与科学的种植方式是影响植物高品质高产量生长的重要因素。

⑤生产技术合理性：种植技术因素是影响果蔬农产品质量与安全的直接因素。

（3）人为因素。

①人为操作失误：生产中农药及添加剂、种子培育等操作中人为失误，直接影响果蔬农产品的质量安全。

②人员素质：技术人员的生产技术能力水平、安全风险意识是影响种植安全的重要因素。

（4）组织因素。

①管理人员素质：种植基地管理人员的质量安全及法律意识、管理水平对农产品的生产质量与安全造成影响。

②合同执行：果蔬种植户与生产资料供应商、果蔬农产品收购商、超市等供应链主体签订购销合同有利于种植的供应与销售，如合同执行不力则会给农户或基地、或销售商造成损失。

③信息管理：种植户对市场信息、技术信息的摄取能力直接影响到种植的效率与安全，信息不对称、获取不力将导致同行竞争力下降，或由于商品积压而造成损失。

2. 果蔬冷藏运输的安全风险来源与因素分析

（1）环境因素。

①自然灾害：运输途中地震、冰灾、水灾等自然灾害，会造成交通不畅及货物安全受威胁，甚至是毁灭性的损失。

②政府因素：运输相关法律法规，政府对运输过程的卫生监管力度会影响果蔬农产品运输安全；绿色通道等政策因素有利于果蔬农产品安全高效运输。

（2）设备与技术因素。

①运输工具故障：运输车辆途中的故障，将影响果蔬农产品按计划运输，

影响果蔬农产品的正常供应。

②控温设备故障：果蔬农产品冷藏运输过程中温度和湿度达不到要求时容易出现低温伤害、腐败变质等问题，直接影响农产品的质量安全，进而造成损失。

③装载及运输技术问题：装载果蔬农产品应注意合理堆码、避免货物混装、保持货堆间空气流通，运输过程中减少对果蔬的震动强度，以保持新鲜果蔬品质与安全。

④信息技术应用：运输商对果蔬农产品供应信息的获取，以及在运输过程中的动态跟踪、GPS 等技术的应用，能保障果蔬农产品安全高效运输。

（3）人为因素。

①运输人员素质：驾驶人员的安全意识、操作经验以及异常情况处理能力均是影响正常运输的重要因素。

②人为操作失误：运输途中对设备的误操作，直接造成运输效率与果蔬农产品的质量安全问题。

（4）组织因素。

①运输过程控制：运输商要对所运输的农产品进行控制和管理，最大限度维护和保证果蔬运输所需要的条件，减少损失。

②管理人员素质：运输管理人员的管理水平、安全意识、经验知识是运输过程安全管理的重要影响因素。

③合同执行：运输执行合同有利于明确双方的责权利，有利于保证果蔬农产品安全及时送达。

3. 果蔬配送加工的安全风险来源与因素分析

（1）环境因素。

①环境污染：果蔬农产品在配送加工过程中的空气污染（尘、渣等）、水源污染对果蔬农产品染菌程度有一定的影响。

②政府监管：政府对果蔬农产品农药残留、生物细菌的检测与监管的力度是影响果蔬农产品质量的重要因素。

③消费者认知：最终消费者对产品加工过程的认知与关注，可督促企业采取降低果蔬农产品安全风险的措施。

④政策法规：国家对果蔬农产品的加工、流通的行业标准，相应的法律法规完善程度直接影响果蔬农产品的质量与安全。

（2）设备与技术因素。

①相关设备：果蔬预冷、冷藏、搬运等过程中出现设备故障，将造成果蔬农产品产生变质的安全风险。

②车间要求：果蔬农产品加工车间应符合国家相关规定，防止加工配送过程中的污染问题。

③检测消毒设备：检测、消毒设备如出现故障，直接影响果蔬农产品的质量，带来安全隐患。

④加工技术问题：预冷、加工技术及设备利用技术问题影响果蔬农产品质量安全。

（3）人为因素。

①污物处理不当：污物处理不当造成果蔬农产品受污染，质量安全受到影响。

②操作人员素质：加工操作人员的安全意识、技术水平、道德素质等都会影响整个加工及流通过程的安全。

（4）组织因素。

①卫生检测：果蔬农产品采收后，需对其进行产品质量卫生抽样检测，杜绝不合格产品流入市场，造成安全隐患。

②合同执行：果蔬农产品加工企业与相关供应商和销售商签订合同，并履行合同，否则给果蔬供应与销售带来较大风险。

③管理人员素质：果蔬农产品配送、加工过程的质量安全很大程度上取决于管理人员的管理理念、管理水平及安全意识。

④过程跟踪：果蔬农产品配送加工过程较为复杂，涉及的环节较多，需要控制质量的关键点较多，需要全过程跟踪记录，监控各环节，以便及时采取相应措施，降低安全风险。

4. 果蔬冷库储藏的安全风险来源与因素分析

（1）环境因素。

①灾害因素：冷库所在地发生水灾、火灾、地震等，严重影响农产品的安全。

②政府因素：相关法律法规的制定与执行，政府的监控力度均是重要影响因素。

③消费者认知：消费者对冷藏过程的认知与了解影响冷藏安全控制。

（2）设备与技术因素。

①制冷控温设备问题：设备完好情况直接影响储藏的果蔬农产品的质量安全。

②冷库设备设施卫生：冷藏冷冻设施设备如未进行严格消毒，将可能造成贮藏品受到微生物或化学污染，增加安全风险。

③冷库操作技术：影响果蔬农产品品质安全的冷库操作技术有堆码技术、湿度温度控制技术、变温储藏技术、换气技术等。

（3）人为因素。

①仓库人员素质：仓库相关技术人员的安全意识、冷库操作知识与经验均会影响果蔬冷藏过程中的安全。

②操作失误：在冷藏操作过程中控温、控湿、调气、消毒等出现人为失误造成果蔬农产品质量安全问题。

（4）组织因素。

①冷库管理人员素质：冷库管理人员的管理理念、管理水平和经验知识，是冷藏过程安全管理的重要影响因素。

②合同执行：冷库经营商与委托商签订合同，明确各方权利义务，有助于果蔬农产品质量控制。

③信息追踪：冷库经营商对果蔬农产品供给、储藏、出库整个过程的质量进行跟踪记录，全程监控产品质量，保障农产品冷藏环节的质量安全。

④异常情况处理：由于冷藏过程中随时有可能出现异常情况，如设备故障、产品污染，应学习如何正确处理以降低损失。

5. 果蔬冷柜销售环节的安全风险来源与因素分析

（1）环境因素。

①政府因素：政府相关法规及政府的监管力度均对销售商规范操作产生影响。

②自然灾害：在销售环节遇到冰灾、火灾、水灾等自然灾害会严重影响果蔬的及时销售，也可能导致毁灭性的损失。

③消费者认知：作为果蔬农产品销售环节的直接参与者，消费者对农产品质量的认知与关注程度直接影响销售商是否采取有利于降低安全风险的措施。

（2）设备与技术因素。

①冷藏设备故障：销售环节的冷藏设备或制冷设备出现故障，影响果蔬

的正常储存，增加其安全风险。

②分割设施故障：果蔬在分割包装过程中因分割设施故障导致果蔬被污染等。

③检测消毒设备故障：检测设备若出现故障，会降低检测结果的可靠性，带来产品监控的失真等问题。

④控温技术：销售过程中果蔬农产品经历冷藏、搬运、分割包装、陈列等环节，各环节的温度湿度都有相应的要求，技术不当会造成果蔬受微生物或化学污染。

⑤检测技术：检测方法与技术是否可靠，决定检测结果是否准确有效，合理合规的检测方法有利于产品质量保证。

（3）人为因素。

①销售操作人员的素质：销售环节较多，操作人员的卫生安全意识、操作经验、相关知识直接影响到果蔬的安全风险。

②人为失误：在销售环节有意不按食品卫生标准规范操作、消毒不当等会造成果蔬农产品安全问题。

（4）组织因素。

①品质检测：对新入场果蔬农产品销售商需要进行品质抽检，从源头控制所销售果蔬的品质安全。

②过程控制：销售过程中对与果蔬接触的设备、设施、器具均需消毒处理，并进行销售全程安全性跟踪，包括包装材料的安全、销售安全期的管理等。

③合同执行：为保证安全稳定的货源，销售商通常需要与果蔬供应商签订供应合同。合同执行可以减少因供货不足而滥竽充数的风险。

④信息追踪：销售商对果蔬农产品采购、冷藏、出售整个过程的质量进行跟踪记录，全程监控产品质量，保障农产品冷藏环节的质量安全。

⑤管理人员素质：销售管理层的安全意识、管理水平及异常情况处理能力都会影响果蔬农产品销售过程中的质量安全。

3.4 本章小结

本章分析了三种典型的果蔬冷链物流模式，即批发市场为主导、公司 +

合作社＋基地、超市＋农产品加工（合作社）＋基地三种果蔬冷链物流模式。以批发市场为主导的果蔬冷链物流模式是典型的“散—聚—散”的物流模式，这种物流模式有以农贸市场为终端和以连锁超市为终端两种流通渠道。果蔬农产品流通中以批发市场为主导的果蔬冷链物流主要存在以批发市场为主导的物流模式。“公司＋合作社＋基地”的果蔬冷链物流模式是一种跨地域的联盟与合作。这种模式在中国发展时间较短，但推广速度很快。“超市＋农产品加工（合作社）＋基地”的果蔬冷链物流模式是随着超市的发展而得到快速扩张的一种模式。

通过对果蔬冷链物流系统进行结构及构成要素分析，构建了果蔬冷链物流系统 ISM 结构模型，结构模型直观地表示出了果蔬冷链物流系统的结构要素、果蔬农产品在各要素间的流动过程以及系统的分级状况。从果蔬冷链物流系统结构来看，系统的关键单元在于起源点生产者、最终点消费者以及中间各流通环节。

对果蔬冷链进行安全风险识别，结果表明：果蔬冷链物流系统安全风险主要体现在种植、冷藏运输、配送加工、冷库储藏、冷柜销售等环节的环境因素、设备及技术因素、人为因素、组织因素带来的风险。

4 果蔬冷链物流系统安全评价

第 3 章对果蔬冷链系统进行了结构分析，并对果蔬冷链物流各环节的安全风险来源进行了识别。分析各环节影响安全风险的因素及其影响程度，并进行安全风险评估是研究与控制系统安全风险的基础。在风险评估实践中，难以确切与客观衡量与描述各类风险影响程度，也缺乏果蔬冷链物流评价体系的正确引导与规范。本章将建立果蔬冷链物流评价体系，采用层次分析法分析各风险指标，应用多层次模糊综合评价模型，对果蔬冷链各环节进行安全风险评价。

4.1 果蔬冷链物流系统安全评价指标体系

4.1.1 果蔬冷链物流系统安全评价体系

图 4－1 是结合果蔬冷链物流流程和其结构体系绘制出的果蔬冷链物流体

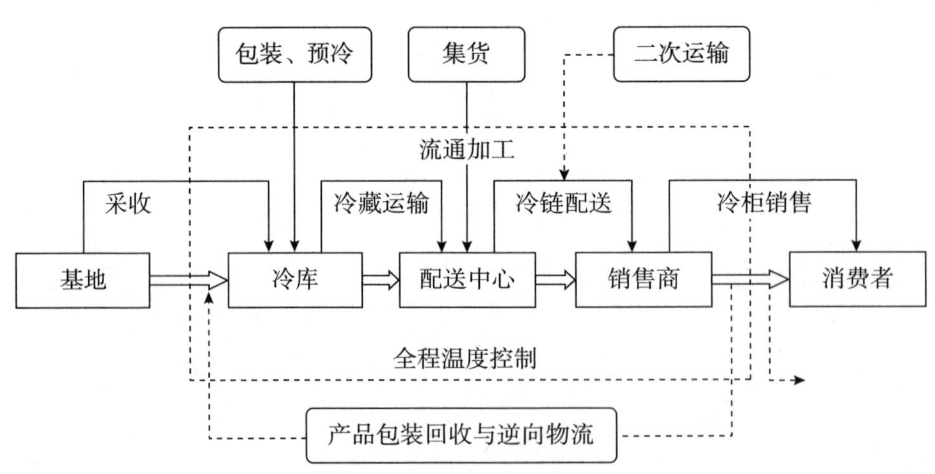

图 4－1 果蔬冷链物流体系概念

系的概念图。图中标示出果蔬农产品“产—供—销”的流程，以及种植、冷链运输、冷链配送加工、冷链储藏、冷链销售的全过程，图中反映了供应链全程温度控制的要求，也反映了预冷、集货、逆向物流等需要。

在对果蔬农产品各物流环节进行安全风险识别的基础上，本章节以果蔬农产品流通过程各节点为研究对象，采用先整体再局部再到整体的归类方法，构建果蔬农产品冷链物流系统评估指标体系（见表4－1），通过设计调查问卷，实地调查采集相关数据，统计分析调查数据，进行模型数据计算，评价各环节安全风险等级，评价各风险来源的影响程度。

表4－1　果蔬冷链各环节安全风险指标体系

一级评价体系	二级评价体系	评价指标
果蔬种植安全风险评价体系	环境因素	自然灾害发生率、政府监管力度、法规与相关标准执行率、消费者安全知识普及率
	设备与技术因素	农资设备完好率、农技知识普及率、种植标准化程度、EOS（电子订货系统）MIS（管理信息系统）使用情况
	人为因素	员工安全生产素质、员工培训教育
	组织因素	管理人员素质、合同执行率、安全职能部门作用、规章制度执行情况
果蔬冷藏运输安全风险评价体系	环境因素	灾害发生率、政府监管力度、相关法规完善程度、消费者安全知识普及率
	设备与技术因素	运输工具故障、冷藏运输保温设备故障、消毒设备故障、装载技术问题、GPS与GIS使用率
	人为因素	员工安全意识、员工培训教育、人为货损情况
	组织因素	检测消毒等制度执行情况、订单执行率、客户投诉率、管理人员素质

续 表

一级评价体系	二级评价体系	评价指标
果蔬冷链配送加工安全风险评价体系	环境因素	灾害发生率、政府监管力度、相关法规完善程度、消费者安全知识普及率
	设备与技术因素	加工车间合格率、冷藏设备故障率、搬运设备故障率、检测设备故障率、消毒设备故障率、检测检疫技术、控温技术、条码及射频技术
	人为因素	员工安全意识、员工安全知识普及率、污物处理合理性、人为货损率
	组织因素	农药残留检测情况、订单执行率、客户投诉率、管理人员素质、消毒执行情况、异常情况处理率
果蔬冷库储藏安全风险评价体系	环境因素	灾害发生率、政府监管力度、法规与标准完善率、消费者安全知识普及率
	设备与技术因素	制冷控温冷冻设备故障、冷库分类合理性、冷库卫生达标率、温差波动情况、品质检测技术
	人为因素	员工安全意识、员工安全知识普及率、人为货损情况
	组织因素	管理人员素质、订单执行率、信息获取情况、消毒计划执行情况、异常情况处理率
果蔬冷链销售安全风险评价体系	环境因素	政府监控力度、灾害发生率、法规标准完善率、消费者安全知识普及率
	设备与技术因素	冷藏冷冻设备故障率、检测与消毒设备故障率、操作间卫生情况、温差波动情况、商品检测技术
	人为因素	员工安全意识、员工安全知识普及率、人为货损率、消费者投诉率
	组织因素	入场检测率、全程控制跟踪情况记录、管理人员素质、订单执行率、异常情况处理率

4.1.2 模糊综合评价

果蔬冷链物流系统是多要素共同作用的复杂系统，而且各要素之间关系复杂，各要素对系统安全的影响难以量化，具有“模糊性”和“多属性”的特点，因此本书在分析系统安全要素的基础上，将模糊数学的方法应用于果蔬冷链物流系统安全风险评估中，结合层次分析法，建立果蔬冷链物流安全风险的多层次模糊综合评价模型（Fuzzy Synthetic Evaluation Model），对果蔬冷链系统进行整体评价。

在实际复杂系统安全评价过程中，评估对象往往受到多种不确定性因素影响，需要对各因素进行综合评价。基于模糊数学隶属度理论的模糊综合评价法能将难以量化的、非确定性的定性评价转化为定量评价。其基本步骤为：①建立模糊综合评价指标体系；②确定因素集及其模糊权重（通过专家经验法或层次分析法构建权重向量）；③构建评价矩阵；④评价矩阵和权重的合成。

4.1.3 层次分析法的原理

作为一种实用的多准则的决策方法，T. L. Saaty 提出的层次分析法（Analytical Hierarchy Process，AHP）是通过一个有序的递阶层次结构来描述一个复杂决策问题，应用 AHP 法决策者将复杂问题分解为若干层次或因素，AHP 法将复杂的决策系统层次化，将决策者对复杂系统的决策思维过程数量化、模型化，通过各层因素重要性比较结果确定最终决策。

Saaty 认为，假定某个实际问题涉及 n 个因素，在确切依据很不充分时，判断某个因素在整体中的重要性只能凭专家经验。当 $n>3$ 时，专家也难以用数据描述其重要程度，但如果两两对比相关要素，专家可给予两因素对总体来说的重要程度的定性语言，Saaty 引入函数 $f(x, y)$ 表示 x 因素与 y 因素重要性标度，如表 4－2 所示，若 $f(x, y)>1$，说明 x 比 y 重要，若 $f(x,y)<1$，则说明 y 比 x 重要，当且仅当 $f(x,y)=1$ 时，说明 x 与 y 同样重要，且约定 $f(y,x)=1/f(x,y)$。

表 4－2　　比例标度

因素 x 比因素 y	$f(x,y)$	$f(y,x)$	说明
两相邻判断的中间值	2，4，6，8	1/2，1/4，1/6，1/8	相邻判断的折中
重要性等同	1	1	x 对总目标的贡献与 y 等同
重要性稍强	3	1/3	x 对总目标的贡献稍（不太明显）大于 y
重要性较强	5	1/5	x 的贡献明显（不十分明显）大于 y
重要性强	7	1/7	x 的贡献十分明显（不特别突出）大于 y
极端重要	9	1/9	x 的贡献以绝对优势在于 y

AHP 法的主要步骤如下：

（1）依据标度理论，形成两两比较判断矩阵 A：$A = (a_{ij})_{n\times n}$　$(i,j = 1,2,\cdots,n)$。

式中，$a_{ij} = 1$，　$a_{ji} = 1/a_{ij}$。

（2）将判断矩阵 A 的各列作归一化处理：$\overline{a_{ij}} = a_{ij}/\sum_{i=1}^{n} a_{ij}$　$(i,j = 1,2,\cdots,n)$。

（3）求判断矩阵 A 各行元素之和 $\overline{W_i}$：$\overline{W_i} = \sum_{j=1}^{n} \overline{a_{ij}}$　$(i = 1,2,\cdots,n)$。

（4）对 $\overline{W_i}$ 进行归一化处理得到 w_i：$w_i = \overline{W_i}/\sum_{i=1}^{n} \overline{W_i}$　$(i = 1,2,\cdots,n)$。

（5）计算 $Aw = \lambda_{\max} w$ 得出最大特征根，计算其特征向量。

（6）进行一致性检验。

①计算 $C.I. = \dfrac{\lambda_{\max} - n}{n-1}$ 得出一致性指标。

②查看平均随机一致性指标 $R.I.$ 。

③计算 $C.R. = C.I./R.I.$ 得到一致性比例值，当 $C.R. < 0.1$ 时，则通过一致性检验，否则对 A 修正。

4.1.4 多层次模糊综合安全评价模型

（1）评价要素指标体系的设置，根据评价指标体系指标集。

本书选取果蔬冷链物流的一二级评价指标体系构表如表 4－3 所示。得出相应指标集即因素集有：$U = \{U_1, U_2, U_3, U_4, U_5\}$，对其中的 $U_i(i = 1,2,3,4,5)$ 再细划分为：$U_i = \{U_{i1}, U_{i2}, U_{i3}, U_{i4}\}$。

表 4－3　果蔬冷链系统的一二级评价指标体系

序号	一级指标 Q_i	权重 b_i	序号	二级指标 C_j	权重 W_{ij}	隶属度 R			
						优	良	中	差
1	果蔬种植	b_1	1	环境因素	w_{11}				
			2	设备与技术因素	w_{12}				
			3	人为因素	w_{13}				
			4	组织因素	w_{14}				
2	果蔬冷藏运输	b_2	1	环境因素	w_{21}				
			2	设备与技术因素	w_{22}				
			3	人为因素	w_{23}				
			4	组织因素	w_{24}				
3	果蔬冷链配送加工	b_3	1	环境因素	w_{31}				
			2	设备与技术因素	w_{32}				
			3	人为因素	w_{33}				
			4	组织因素	w_{34}				
4	果蔬冷库储藏	b_4	1	环境因素	w_{41}				
			2	设备与技术因素	w_{42}				
			3	人为因素	w_{43}				
			4	组织因素	w_{44}				
5	果蔬冷链销售	b_5	1	环境因素	w_{51}				
			2	设备与技术因素	w_{52}				
			3	人为因素	w_{53}				
			4	组织因素	w_{54}				

（2）根据上述层次分析法计算的结果确定子目标的权重分配集 B 。

$$B = \{b_1, b_2, b_3, b_4, b_5\}$$

同样可确定各指标 U_i 的权重分配集 W_i ：

$$W_i = \{w_{i1}, w_{i2}, w_{i3}, w_{i4}\} \ (i = 1,2,3,4,5)$$

其中权重的分配是由主观经验判断法和德尔菲法相结合的方式确定的。

（3）评语集合的确定。

根据评价因素的优良程度，选择若干评价集组成一个评价集合 $V = \{v_i\}$ 。其中：

$$V = \{v_1, v_2, v_3, v_4\} = \{优,良,中,差\}$$

（4）根据专家评判投票评价，得到评价矩阵 R_i 。

$$R_i = \begin{bmatrix} r_{11} & r_{12} & \cdots & r_{1m} \\ r_{21} & r_{22} & \cdots & r_{2m} \\ \cdots & \cdots & \cdots & \cdots \\ r_{k1} & r_{k2} & \cdots & r_{km} \end{bmatrix}$$

（5）通过对各要素权重系统向量 W_i 与评价矩阵 R_i 进行合成运算得到 B_i ：

$$B_i = W_i {}^c R_i \quad (i = 1,2,\cdots,n)$$

（6）可以确定子目标评价矩阵 $B = (B_1, B_2, \cdots, B_n)^{\mathrm{T}}$。

（7）求总目标评价向量 $\boldsymbol{C} = A^c B$。

最后，取最大隶属度，其所对应的评价等级即为评价果蔬冷链物流系统的最终评价等级。

4.2 果蔬冷链物流系统安全风险模糊综合评价

综合评价指标的正确、科学与否很大程度上取决于指标权重，本研究将德尔菲法（Delphi Method）和 AHP 法结合起来进行层次权重的确定，并对各因素层进行综合评价。调查果蔬冷链的五个主要环节中哪些指标对果蔬冷链系统安全构成较大影响，共发放有效问卷 25 份，收回 20 份。由被访问专家针对每个问题进行两两重要性打分，计算出平均分值，然后应用 AHP 法计算指标权重，对果蔬冷链中影响系统安全的各因素进行量化，应用模糊综合评价法对五个环节分别进行安全风险评估。

调查问卷以测试题的方式，综合考虑相关行业人士的意见，设计安全认知、安全监督、企业协作、安全影响因素等内容。由于涉及的问题不能过于专业，加上调查对象对农产品安全认知带有一定主观性，较难用具体数据描述，但用定性描述不利于统计分析，因此，在问卷中设计了部分“行为”测试题，答题均采用5分计，“5”表示完全赞成，“4”表示基本赞成，“3”表示一般（没有态度），“2”表示基本不同意，“1”表示非常不同意。

因为农产品质量安全方面的统计数据缺乏，本研究采用实地问卷调查的方式获取了相关数据，主要选取长沙地区果蔬农产品种植、加工、运输、批发及零售环节不同企业进行调查。由于经营者对食品安全质量问题非常敏感，因此在市场调查问卷设计及调查过程中考虑了调查的可行性与意愿表达的可能性。

2013年暑假，笔者与多名学生一起在长沙地区周边的果蔬农产品生产基地（10个）、批发市场（3个）、运输商（3个）、零售卖场（12个）、果蔬超市（10个）、农贸市场（4个）、加工配送企业（4个）等进行了一个多月的调查。生产基地、加工企业一般距离较远、交通不便，生产管理有欠规范，因此获取相关数据难度较大。位于长沙市区的红星水果批发市场、马王堆蔬菜批发市场、毛家桥水果批发市场，以及大型超市与零售终端交通便利，调查活动相对易于进行。

4.2.1 果蔬种植环节安全风险模糊评价

1. 对比矩阵的构造

应用AHP法确定指标权重，两两比较指标之间的重要程度，形成比较矩阵 $\boldsymbol{A} = (a_{ij})_{n\times n}(i,j = 1,2,\cdots,n)$，见表4－4，其中 $a_{ij} = 1, a_{ji} = 1/a_{ij}$。

表4－4　　Q1－C成对比较矩阵

Q_1	Q_{11}	Q_{12}	Q_{13}	Q_{14}	权重	指标
Q_{11}	1.0000	0.2500	0.3333	1.0000	0.1026	$\lambda = 4.0652$ $C.I. = 0.0217$ $R.I. = 0.9$ $C.R. = 0.0241$
Q_{12}	4.0000	1.0000	3.0000	7.0000	0.5625	
Q_{13}	3.0000	0.3333	1.0000	3.0000	0.2477	
Q_{14}	1.0000	0.1428	0.3333	1.0000	0.0872	

C1－W 成对比较矩阵

C_1	C_{11}	C_{12}	C_{13}	C_{14}	权重	指标
C_{11}	1.0000	0.2000	0.3333	1.0000	0.1008	λ = 4.0247 $C.I.$ = 0.0823 $R.I.$ = 0.9 $C.R.$ = 0.0914
C_{12}	5.0000	1.0000	1.0000	5.0000	0.4396	
C_{13}	3.0000	1.0000	1.0000	4.0000	0.3669	
C_{14}	1.0000	0.2000	0.2500	1.0000	0.0927	

C2－W 成对比较矩阵

C_2	C_{21}	C_{22}	C_{23}	C_{24}	权重	指标
C_{21}	1.0000	2.0000	0.3333	5.0000	0.2528	λ = 4.1672 $C.I.$ = 0.0557 $R.I.$ = 0.9 $C.R.$ = 0.0619
C_{22}	0.5000	1.0000	0.3333	5.0000	0.1859	
C_{23}	3.0000	3.0000	1.0000	6.0000	0.5051	
C_{24}	0.2000	0.2000	0.1666	1.0000	0.0562	

C3－W 成对比较矩阵

C_3	C_{31}	C_{32}	权重	指标
C_{31}	1.0000	9.0000	0.9000	λ = 2 $C.I.$ = 0 $R.I.$ = 0 $C.R.$ = 0
C_{32}	0.1111	1.0000	0.1000	

C4－W 成对比较矩阵

C_4	C_{41}	C_{42}	C_{43}	C_{44}	权重	指标
C_{41}	1.0000	5.0000	1.0000	3.0000	0.3713	λ = 4.1031 $C.I.$ = 0.0343 $R.I.$ = 0.9 $C.R.$ = 0.0382
C_{42}	0.2000	1.0000	0.2500	3.0000	0.0899	
C_{43}	1.0000	4.0000	1.0000	2.0000	0.3545	
C_{44}	0.3333	0.3333	0.5000	1.0000	0.1844	

2. 各层因素指标的计算及一致性检验

各层因素指标权重计算步骤：①将成对比矩阵 $\boldsymbol{A} = (a_{ij})_{n\times n}$ 的每一列按进行归一化处理；②归一化处理后的矩阵按行相加；③对按行相加后的值进行归一化处理求其权重。判断矩阵分值是人为赋予的，因此，需对矩阵的可靠性进行判断，需对结果进行一次性检验：根据公式 $Aw = \lambda_{\max} w$，应用 MATLAB 工具求出矩阵最大特征根 λ，再计算一致性指标 $C.I. = (\lambda - n)/(n -$

1)，查看平均随机一致性指标 $R.I.$（见表 4－5），得到一致性比例 $C.R. = C.I./R.I.$，当 $C.R. < 0.1$ 时，结果是可以接受的。各因子层对因素层的影响权重结果如表 4－6 所示。

表 4－5　　1～10 阶平均随机一致性指标

阶数 n	1	2	3	4	5	6	7	8	9	10
$R.I.$	0	0	0.52	0.90	1.12	1.26	1.36	1.41	1.46	1.49

表 4－6　　果蔬种植环节因子层对因素层的影响结果

K	C_1	C_2	C_3	C_4
W_k	0.1008	0.2528	0.9000	0.3713
	0.4396	0.1859	0.1000	0.0899
	0.3669	0.5051	—	0.3545
	0.0927	0.0562	—	0.1844

3. **安全风险模糊综合评价**

经过对果蔬种植环节各因素风险的调查分析，可将综合性评价指标分为 5 个等级 $V = (v_1, v_2, v_3, v_4, v_5)^T$ =（风险低，风险较低，中等风险，风险较高，风险极高）。调查得到专家权重集 $L = (l_1, l_2, l_3, l_4, l_5)^T = (0.3, 0.3, 0.1, 0.2, 0.1)$。应用 $M(\cdot, \oplus)$ 算子模型，得到一级模糊评判级 B_i：

$$B_i = w_i \circ R_i = \begin{bmatrix} 0.1008 \\ 0.4396 \\ 0.3669 \\ 0.0927 \end{bmatrix}^T \circ \begin{bmatrix} 0.088 & 0.201 & 0.398 & 0.210 & 0.103 \\ 0.121 & 0.204 & 0.403 & 0.200 & 0.072 \\ 0.112 & 0.362 & 0.302 & 0.207 & 0.017 \\ 0.101 & 0.320 & 0.317 & 0.192 & 0.032 \end{bmatrix}$$

$$= [0.1968 \quad 0.5394 \quad 0.6219 \quad 0.3630 \quad 0.0779]$$

同理可以得到：

$$B_2 = [0.1070 \quad 0.2896 \quad 0.3459 \quad 0.2056 \quad 0.0498]$$

$$B_3 = [0.1109 \quad 0.2678 \quad 0.3035 \quad 0.2866 \quad 0.0275]$$

$$B_4 = [0.1380 \quad 0.2732 \quad 0.3140 \quad 0.1932 \quad 0.0682]$$

由此可以得到第二层评价矩阵 $\boldsymbol{R}_2 = [B_1 \quad B_2 \quad B_3 \quad B_4]^T$，则第二层的评价集为：

$$B = A^{\circ}R = \begin{bmatrix} 0.1026 \\ 0.5625 \\ 0.2477 \\ 0.0872 \end{bmatrix}^{T} \circ \begin{bmatrix} 0.1968 & 0.5394 & 0.6219 & 0.3630 & 0.0779 \\ 0.1070 & 0.2896 & 0.3459 & 0.2056 & 0.0498 \\ 0.1109 & 0.2678 & 0.3035 & 0.2866 & 0.0275 \\ 0.1380 & 0.2732 & 0.3140 & 0.1932 & 0.0682 \end{bmatrix}$$

$$= [0.1199 \quad 0.3084 \quad 0.3609 \quad 0.2407 \quad 0.0488]$$

根据上述计算结果，按照最大隶属原则，果蔬种植环节安全风险情况属第3等级，即中等风险。果蔬种植环节来自种植标准化程度、员工安全生产素质、自然灾害等因素的风险较高，来自政府监管、法规与相关标准执行率、管理人员素质、合同执行、安全部门职能作用等的风险为中等，其余因素风险较低。

4.2.2 果蔬冷藏运输环节安全风险模糊评价

1. 对比矩阵的构造

表4-7 Q2-C成对比较矩阵

Q_2	Q_{21}	Q_{22}	Q_{23}	Q_{24}	权重	指标
Q_{21}	1.0000	0.2000	0.3333	1.0000	0.0946	$\lambda = 4.2565$ $C.I. = 0.0855$ $R.I. = 0.9$ $C.R. = 0.095$
Q_{22}	5.0000	1.0000	6.0000	4.0000	0.5864	
Q_{23}	3.0000	0.1666	1.0000	3.0000	0.2167	
Q_{24}	1.0000	0.2500	0.3333	1.0000	0.1023	

C1-W成对比较矩阵

C_1	C_{11}	C_{12}	C_{13}	C_{14}	权重	指标
C_{11}	1.0000	0.5000	0.5000	2.0000	0.1794	$\lambda = 4.2071$ $C.I. = 0.0690$ $R.I. = 0.9$ $C.R. = 0.0767$
C_{12}	2.0000	1.0000	4.0000	4.0000	0.4873	
C_{13}	2.0000	0.2500	1.0000	3.0000	0.2400	
C_{14}	0.5000	0.2500	0.3333	1.0000	0.0933	

C2 – W 成对比较矩阵

C_2	C_{21}	C_{22}	C_{23}	C_{24}	C_{25}	权重	指标
C_{21}	1.0000	0.5000	0.2000	4.0000	5.0000	0.1702	λ = 5.2385 *C. I.* = 0.0596 *R. I.* = 1.12 *C. R.* = 0.0532
C_{22}	2.0000	1.0000	1.0000	5.0000	6.0000	0.3924	
C_{23}	5.0000	1.0000	1.0000	7.0000	6.0000	0.5098	
C_{24}	0.2500	0.2000	0.1428	1.0000	2.0000	0.0784	
C_{25}	0.2000	0.1666	0.1666	0.5000	1.0000	0.0567	

C3 – W 成对比较矩阵

C_3	C_{31}	C_{32}	C_{33}	权重	指标
C_{31}	1.0000	4.0000	2.0000	0.5571	λ = 3.0183 *C. I.* = 0.0092 *R. I.* = 0.52 *C. R.* = 0.0176
C_{32}	0.2500	1.0000	0.3333	0.1226	
C_{33}	0.5000	3.0000	1.0000	0.3202	

C4 – W 成对比较矩阵

C_4	C_{41}	C_{42}	C_{43}	C_{44}	权重	指标
C_{41}	1.0000	5.0000	3.0000	1.0000	0.3996	λ = 4.0155 *C. I.* = 0.0052 *R. I.* = 0.9 *C. R.* = 0.0057
C_{42}	0.2000	1.0000	0.5000	0.2500	0.0814	
C_{43}	0.3333	2.0000	1.0000	0.3333	0.1401	
C_{44}	1.0000	4.0000	3.0000	1.0000	0.3788	

2. 各层因素指标的计算及一致性检验

将成对比矩阵进行归一化处理求得其权重为表 4 – 7 所示结果。应用 MATLAB 对结果进行一次性检验求出矩阵最大特征根 λ，再计算一致性指标 *C. I.* = （$\lambda - n$）/（$n - 1$），查看平均随机一致性指标 *R. I.*（见表 4 – 5），得到一致性比例 *C. R.* = *C. I.*/*R. I.*，当 *C. R.* < 0.1 时，结果是可以接受的。各因子层对因素层的影响权重结果如表 4 – 8 所示。

表 4-8　　果蔬冷藏运输环节因子层对因素层的影响结果

K	C_1	C_2	C_3	C_4
W_k	0.1794	0.1702	0.5571	0.3996
	0.4873	0.3924	0.1226	0.0814
	0.2400	0.5098	0.3202	0.1401
	0.0933	0.0784	—	0.3788
	—	0.0567	—	—

3. 安全风险模糊综合评价

果蔬冷藏运输环节专家权重集为 $L=(l_1, l_2, l_3, l_4, l_5)^T=(0.3, 0.3, 0.1, 0.2, 0.1)$，采用 $M(\cdot, \oplus)$ 算子模型，得到一级模糊评判级 B_i：

$$B_i = w_i \circ R_i = \begin{bmatrix} 0.1794 \\ 0.4873 \\ 0.2400 \\ 0.0933 \end{bmatrix}^T \circ \begin{bmatrix} 0.168 & 0.201 & 0.168 & 0.219 & 0.104 \\ 0.101 & 0.104 & 0.203 & 0.220 & 0.172 \\ 0.132 & 0.142 & 0.202 & 0.308 & 0.116 \\ 0.111 & 0.130 & 0.297 & 0.274 & 0.050 \end{bmatrix}$$

$$= [0.1214 \quad 0.1947 \quad 0.2483 \quad 0.2719 \quad 0.1350]$$

同理可以得到：

$$B_2 = [0.1517 \quad 0.2381 \quad 0.3339 \quad 0.3022 \quad 0.1548]$$

$$B_3 = [0.1482 \quad 0.1599 \quad 0.2465 \quad 0.2511 \quad 0.1162]$$

$$B_4 = [0.1359 \quad 0.2716 \quad 0.1605 \quad 0.2698 \quad 0.0908]$$

由此可以得到第二层评价矩阵 $\boldsymbol{R}_2=[B_1 \quad B_2 \quad B_3 \quad B_4]^T$，则第二层的评价集为：

$$B = A \circ R = \begin{bmatrix} 0.0946 \\ 0.5864 \\ 0.2167 \\ 0.1023 \end{bmatrix}^T \circ \begin{bmatrix} 0.1214 & 0.1947 & 0.2483 & 0.2719 & 0.1350 \\ 0.1517 & 0.2381 & 0.3339 & 0.3022 & 0.1548 \\ 0.1482 & 0.1599 & 0.2465 & 0.2511 & 0.1162 \\ 0.1359 & 0.1605 & 0.2698 & 0.2726 & 0.0908 \end{bmatrix}$$

$$= [0.1199 \quad 0.2407 \quad 0.3084 \quad 0.3609 \quad 0.0488]$$

按照最大隶属原则，上述结果表明果蔬冷藏运输环节处于较高等风险等级。果蔬冷藏运输环节运输工具故障、冷藏保温设备故障、消毒设备故障、员工安全意识等因素风险较高；灾害因素、政府监管、消毒检测制度执行情况、管理人员素质等风险为中等，其余因素风险较低。

4.2.3 果蔬冷链配送加工环节安全风险模糊评价

1. 对比矩阵的构造

表 4-9 Q3-C 成对比较矩阵

Q_3	Q_{31}	Q_{32}	Q_{33}	Q_{34}	权重	指标
Q_{31}	1.0000	0.2000	0.3333	0.3333	0.0867	λ = 4.2639
Q_{32}	5.0000	1.0000	1.0000	0.3333	0.2585	*C.I.* = 0.0880
Q_{33}	3.0000	1.0000	1.0000	1.0000	0.2793	*R.I.* = 0.9
Q_{34}	3.0000	3.0000	1.0000	1.0000	0.3755	*C.R.* = 0.0977

C1-W 成对比较矩阵

C_1	C_{11}	C_{12}	C_{13}	C_{14}	权重	指标
C_{11}	1.0000	0.3333	2.0000	3.0000	0.2537	λ = 4.1595
C_{12}	3.0000	1.0000	2.0000	4.0000	0.4598	*C.I.* = 0.0532
C_{13}	0.5000	0.5000	1.0000	3.0000	0.2009	*R.I.* = 0.9
C_{14}	0.3333	0.2500	0.3333	1.0000	0.0856	*C.R.* = 0.0591

C2-W 成对比较矩阵

C_2	C_{21}	C_{22}	C_{23}	C_{24}	C_{25}	C_{26}	C_{27}	C_{28}	权重	指标
C_{21}	1.0000	3.0000	2.0000	2.0000	1.0000	0.3333	1.0000	4.0000	0.1590	
C_{22}	0.3333	1.0000	2.0000	1.0000	1.0000	0.5000	1.0000	6.0000	0.1220	
C_{23}	0.5000	0.5000	1.0000	0.3333	0.2500	0.2000	0.2500	1.0000	0.0432	
C_{24}	0.5000	1.0000	3.0000	1.0000	1.0000	1.0000	0.2500	5.0000	0.1149	λ = 8.8397
C_{25}	1.0000	1.0000	4.0000	1.0000	1.0000	2.0000	1.0000	3.0000	0.1529	*C.I.* = 0.1200
C_{26}	3.0000	2.0000	5.0000	1.0000	0.5000	1.0000	0.3333	3.0000	0.1629	*R.I.* = 1.41
C_{27}	1.0000	1.0000	4.0000	4.0000	1.0000	3.0000	1.0000	4.0000	0.2081	*C.R.* = 0.0851
C_{28}	0.2500	0.1666	1.0000	0.2000	0.3333	0.3333	0.2500	1.0000	0.0369	

C3－W 成对比较矩阵

C_3	C_{31}	C_{32}	C_{33}	C_{34}	权重	指标
C_{31}	1.0000	5.0000	2.0000	3.0000	0.4824	λ = 4.0145
C_{32}	0.2000	1.0000	0.3333	0.5000	0.0883	*C.I.* = 0.0048
C_{33}	0.5000	3.0000	1.0000	2.0000	0.2718	*R.I.* = 0.9
C_{34}	0.3333	2.0000	0.5000	1.0000	0.1575	*C.R.* = 0.0054

C4－W 成对比较矩阵

C_4	C_{41}	C_{42}	C_{43}	C_{44}	C_{45}	C_{46}	权重	指标
C_{41}	1.0000	7.0000	4.0000	1.0000	1.0000	2.0000	0.2705	
C_{42}	0.1428	1.0000	0.5000	0.2500	0.3333	0.5000	0.0538	λ = 6.1203
C_{43}	0.2500	2.0000	1.0000	0.3333	0.2500	1.0000	0.0813	*C.I.* = 0.0241
C_{44}	1.0000	4.0000	3.0000	1.0000	1.0000	3.0000	0.2477	*R.I.* = 1.26
C_{45}	1.0000	3.0000	4.0000	1.0000	1.0000	3.0000	0.2512	*C.R.* = 0.0191
C_{46}	0.5000	2.0000	1.0000	0.3333	0.3333	1.0000	0.0955	

2. 各层因素指标的计算及一致性检验

将成对比矩阵进行归一化处理求得其权重为表 4－9 所示结果。应用 MATLAB 对结果进行一次性检验求出矩阵最大特征根 λ，再计算一致性指标 $C.I. = (\lambda - n) / (n-1)$，查看平均随机一致性指标 *R.I.*（见表 4－5），得到一致性比例 $C.R. = C.I./R.I.$，当 $C.R. < 0.1$ 时，结果是可以接受的。各因子层对因素层的影响权重结果如表 4－10 所示。

表 4－10　　果蔬冷链配送加工环节因子层对因素层的影响结果

K	C_1	C_2	C_3	C_4
W_k	0.2537	0.1590	0.4824	0.2705
	0.4598	0.1220	0.0883	0.0538
	0.2009	0.0432	0.2718	0.0813
	0.0856	0.1149	0.1575	0.2477
	—	0.1529	—	0.2512
	—	0.1629	—	0.0955
	—	0.2081	—	—
	—	0.0369	—	—

3. 安全风险模糊综合评价

果蔬冷链配送加工环节专家权重集 $L = (l_1, l_2, l_3, l_4, l_5)^{T} = (0.3, 0.3, 0.1, 0.2, 0.1)$，采用 $M(\cdot, \oplus)$ 算子模型，得到一级模糊评判级 B_i：

$$B_i = w_i \circ R_i = \begin{bmatrix} 0.2537 \\ 0.4598 \\ 0.2009 \\ 0.0856 \end{bmatrix}^{T} \circ \begin{bmatrix} 0.158 & 0.117 & 0.198 & 0.121 & 0.188 \\ 0.121 & 0.200 & 0.203 & 0.224 & 0.252 \\ 0.112 & 0.242 & 0.201 & 0.309 & 0.196 \\ 0.101 & 0.340 & 0.227 & 0.244 & 0.05 \end{bmatrix}$$

$$= [0.1269 \quad 0.1994 \quad 0.2034 \quad 0.2167 \quad 0.2072]$$

同理可以得到：

$$B_2 = [0.1275 \quad 0.2061 \quad 0.2050 \quad 0.2165 \quad 0.1877]$$

$$B_3 = [0.1333 \quad 0.1934 \quad 0.2038 \quad 0.2006 \quad 0.1741]$$

$$B_4 = [0.1346 \quad 0.1948 \quad 0.2062 \quad 0.1821 \quad 0.1640]$$

由此可以得到第二层评价矩阵 $\boldsymbol{R}_2 = [B_1 \quad B_2 \quad B_3 \quad B_4]^{T}$，则第二层的评价集为：

$$B = A \circ R = \begin{bmatrix} 0.0867 \\ 0.2585 \\ 0.2793 \\ 0.3755 \end{bmatrix}^{T} \circ \begin{bmatrix} 0.1269 & 0.1994 & 0.2034 & 0.2167 & 0.2072 \\ 0.1275 & 0.2061 & 0.2050 & 0.2165 & 0.1877 \\ 0.1333 & 0.1934 & 0.2038 & 0.2006 & 0.1741 \\ 0.1346 & 0.1948 & 0.2062 & 0.1821 & 0.1640 \end{bmatrix}$$

$$= [0.1317 \quad 0.1977 \quad 0.1992 \quad 0.2005 \quad 0.1767]$$

按照最大隶属原则，上述结果表明果蔬冷链配送加工环节处于较高风险等级。果蔬冷链配送加工环节中政府监管力度、加工车间合格率、员工的安全意识、污物处理合理性、农药残留检测情况、管理人员的素质、消毒执行情况等属于高风险因素，灾害发生、冷藏设备、搬运设备、检测设备及消毒设备故障、检测检疫技术等为较高风险因素，其余因素风险较低。

4.2.4 果蔬冷库储藏环节安全风险模糊评价

1. 对比矩阵的构造

表 4-11 Q4-C 成对比较矩阵

Q_4	Q_{41}	Q_{42}	Q_{43}	Q_{44}	权重	指标
Q_{41}	1.0000	0.3333	0.5000	0.2500	0.0937	λ = 4.0812 $C.I.$ = 0.0271 $R.I.$ = 0.9 $C.R.$ = 0.0301
Q_{42}	3.0000	1.0000	3.0000	0.5000	0.2939	
Q_{43}	2.0000	0.3333	1.0000	0.2500	0.1334	
Q_{44}	4.0000	2.0000	4.0000	1.0000	0.4790	

C1-W 成对比较矩阵

C_1	C_{11}	C_{12}	C_{13}	C_{14}	权重	指标
C_{11}	1.0000	2.0000	2.0000	3.0000	0.4038	λ = 4.1431 $C.I.$ = 0.0477 $R.I.$ = 0.9 $C.R.$ = 0.0530
C_{12}	0.5000	1.0000	3.0000	3.0000	0.3205	
C_{13}	0.5000	0.3333	1.0000	2.0000	0.1703	
C_{14}	0.3333	0.3333	0.5000	1.0000	0.1054	

C2-W 成对比较矩阵

C_2	C_{21}	C_{22}	C_{23}	C_{24}	C_{25}	权重	指标
C_{21}	1.0000	5.0000	3.0000	3.0000	1.0000	0.3578	λ = 5.3131 $C.I.$ = 0.0783 $R.I.$ = 1.12 $C.R.$ = 0.0699
C_{22}	0.2000	1.0000	0.3333	0.5000	0.3333	0.0647	
C_{23}	0.3333	3.0000	1.0000	4.0000	2.0000	0.2644	
C_{24}	0.3333	2.0000	0.2500	1.0000	0.5000	0.1014	
C_{25}	1.0000	3.0000	0.5000	2.0000	1.0000	0.2118	

C3-W 成对比较矩阵

C_3	C_{31}	C_{32}	C_{33}	权重	指标
C_{31}	1.0000	5.0000	3.0000	0.6480	λ = 3.0037 $C.I.$ = 0.0019 $R.I.$ = 0.52 $C.R.$ = 0.0036
C_{32}	0.2000	1.0000	0.5000	0.1222	
C_{33}	0.3333	2.0000	1.0000	0.2299	

C4 - W 成对比较矩阵

C_4	C_{41}	C_{42}	C_{43}	C_{44}	C_{45}	权重	指标
C_{41}	1.0000	7.0000	3.0000	2.0000	1.0000	0.3497	λ = 5.3136 $C.I.$ = 0.0784 $R.I.$ = 1.12 $C.R.$ = 0.0700
C_{42}	0.1428	1.0000	0.5000	0.2000	0.5000	0.0667	
C_{43}	0.3333	2.0000	1.0000	0.5000	1.0000	0.1401	
C_{44}	0.5000	5.0000	2.0000	1.0000	0.5000	0.2058	
C_{45}	1.0000	2.0000	1.0000	2.0000	1.0000	0.2376	

2. 各层因素指标的计算及一致性检验

将成对比矩阵进行归一化处理求得其权重为表 4 - 12 所示结果。应用 MATLAB 对结果进行一次性检验求出矩阵最大特征根 λ，再计算一致性指标 $C.I. = (\lambda - n) / (n - 1)$，查看平均随机一致性指标 $R.I.$（见表 4 - 5），得到一致性比例 $C.R. = C.I./R.I.$，当 $C.R. < 0.1$ 时，结果是可以接受的。各因子层对因素层的影响权重结果如表 4 - 12 所示。

表 4 - 12　果蔬冷藏运输环节因子层对因素层的影响结果

K	C_1	C_2	C_3	C_4
W_k	0.4038	0.3578	0.6480	0.3497
	0.3205	0.0647	0.1222	0.0667
	0.1703	0.2644	0.2299	0.1401
	0.1054	0.1014	—	0.2058
	—	0.2118	—	0.2376

3. 安全风险模糊综合评价

果蔬冷库储藏环节专家权重集为 $L = (l_1, l_2, l_3, l_4, l_5)^{\mathrm{T}} = (0.3, 0.3, 0.1, 0.2, 0.1)$，采用 $M(\cdot, \oplus)$ 算子模型，得到一级模糊评判级 B_i：

$$B_i = w_i \circ R_i = \begin{bmatrix} 0.4038 \\ 0.3205 \\ 0.1708 \\ 0.1054 \end{bmatrix}^{\mathrm{T}} \circ \begin{bmatrix} 0.125 & 0.241 & 0.272 & 0.153 & 0.209 \\ 0.112 & 0.254 & 0.202 & 0.133 & 0.199 \\ 0.145 & 0.238 & 0.222 & 0.119 & 0.176 \\ 0.120 & 0.214 & 0.288 & 0.185 & 0.193 \end{bmatrix}$$

$$= [0.1238 \quad 0.2419 \quad 0.2428 \quad 0.1934 \quad 0.1986]$$

同理可以得到：

$$B_2 = [0.1262 \quad 0.2411 \quad 0.2411 \quad 0.1958 \quad 0.1959]$$

$$B_3 = [0.1280 \quad 0.2419 \quad 0.2520 \quad 0.1780 \quad 0.2002]$$

$$B_4 = [0.1228 \quad 0.2390 \quad 0.2470 \quad 0.1932 \quad 0.1980]$$

由此可以得到第二层评价矩阵 $\boldsymbol{R}_2 = [B_1 \quad B_2 \quad B_3 \quad B_4]^{\mathrm{T}}$，则第二层的评价集为：

$$B = A^{\circ}R = \begin{bmatrix} 0.0937 \\ 0.2939 \\ 0.1334 \\ 0.4790 \end{bmatrix}^{\mathrm{T}} \circ \begin{bmatrix} 0.1238 & 0.2419 & 0.2428 & 0.1934 & 0.1986 \\ 0.1262 & 0.2411 & 0.2411 & 0.1958 & 0.1959 \\ 0.1280 & 0.2419 & 0.2520 & 0.1780 & 0.2002 \\ 0.1228 & 0.2390 & 0.2470 & 0.1932 & 0.1980 \end{bmatrix}$$

$$= [0.1246 \quad 0.2403 \quad 0.2454 \quad 0.1920 \quad 0.1977]$$

按照最大隶属原则，上述结果表明果蔬冷库储藏环节处于中等风险等级。果蔬冷库储藏环节制冷控温冷冻设备故障、冷库卫生达标情况、员工安全意识、管理人员素质、消毒计划执行情况、品质检测技术等因素风险较高；灾害发生情况、政府监管力度、温差波动情况等属中等风险因素，其余因素风险较低。

4.2.5 果蔬销售环节安全风险模糊评价

1. 对比矩阵的构造

表 4-13　　Q5-C 成对比较矩阵

Q_5	Q_{51}	Q_{52}	Q_{53}	Q_{54}	权重	指标
Q_{51}	1.0000	0.1428	0.3333	0.3333	0.0669	$\lambda = 4.2313$ $C.I. = 0.0771$ $R.I. = 0.9$ $C.R. = 0.0857$
Q_{52}	7.0000	1.0000	2.0000	3.0000	0.4912	
Q_{53}	3.0000	0.5000	1.0000	0.3333	0.1742	
Q_{54}	3.0000	0.3333	3.0000	1.0000	0.2677	

C1 – W 成对比较矩阵

C_1	C_{11}	C_{12}	C_{13}	C_{14}	权重	指标
C_{11}	1.0000	3.0000	2.0000	2.0000	0.4083	λ = 4.1648 $C.I.$ = 0.0549 $R.I.$ = 0.9 $C.R.$ = 0.0610
C_{12}	0.3333	1.0000	0.5000	0.5000	0.1188	
C_{13}	0.5000	2.0000	1.0000	3.0000	0.2967	
C_{14}	0.5000	2.0000	0.3333	1.0000	0.1763	

C2 – W 成对比较矩阵

C_2	C_{21}	C_{22}	C_{23}	C_{24}	C_{25}	权重	指标
C_{21}	1.0000	3.0000	2.0000	3.0000	2.0000	0.3539	λ = 5.1936 $C.I.$ = 0.0484 $R.I.$ = 1.12 $C.R.$ = 0.0432
C_{22}	0.3333	1.0000	0.5000	3.0000	0.5000	0.1353	
C_{23}	0.5000	2.0000	1.0000	4.0000	2.0000	0.2608	
C_{24}	0.3333	0.3333	0.2500	1.0000	0.5000	0.0768	
C_{25}	0.5000	2.0000	0.5000	2.0000	1.0000	0.1731	

C3 – W 成对比较矩阵

C_3	C_{31}	C_{32}	C_{33}	C_{34}	权重	指标
C_{31}	1.0000	5.0000	4.0000	7.0000	0.6101	λ = 4.0451 $C.I.$ = 0.015 $R.I.$ = 0.9 $C.R.$ = 0.0167
C_{32}	0.2000	1.0000	0.5000	2.0000	0.1207	
C_{33}	0.2500	2.0000	1.0000	3.0000	0.1986	
C_{34}	0.1428	0.5000	0.3333	1.0000	0.0706	

C4 – W 成对比较矩阵

C_4	C_{41}	C_{42}	C_{43}	C_{44}	C_{45}	权重	指标
C_{41}	1.0000	2.0000	0.3333	4.0000	2.0000	0.2356	λ = 5.2137 $C.I.$ = 0.0534 $R.I.$ = 1.12 $C.R.$ = 0.0477
C_{42}	0.5000	1.0000	0.5000	4.0000	2.0000	0.1949	
C_{43}	3.0000	2.0000	1.0000	5.0000	2.0000	0.3762	
C_{44}	0.2500	0.2500	0.2000	1.0000	0.3333	0.0549	
C_{45}	0.5000	0.5000	0.5000	3.0000	1.0000	0.1385	

2. 各层因素指标的计算及一致性检验

将成对比矩阵进行归一化处理求得其权重为表 4 – 14 所示结果。应用

MATLAB 对结果进行一次性检验求出矩阵最大特征根 λ，再计算一致性指标 $C.I. = (\lambda - n) / (n-1)$，查看平均随机一致性指标 $R.I.$（见表 4－5），得到一致性比例 $C.R. = C.I./R.I.$，当 $C.R. < 0.1$ 时，结果是可以接受的。各因子层对因素层的影响权重结果如表 4－14 所示。

表 4－14　果蔬冷藏运输环节因子层对因素层的影响结果

K	C_1	C_2	C_3	C_4
W_k	0.4083	0.3539	0.6101	0.2356
	0.1188	0.1353	0.1207	0.1949
	0.2967	0.2608	0.1986	0.3762
	0.1763	0.0768	0.0706	0.0549
	—	0.1731	—	0.1385

3. 安全风险模糊综合评价

果蔬冷柜销售环节专家权重集为 $L = (l_1, l_2, l_3, l_4, l_5)^T = (0.3, 0.3, 0.1, 0.2, 0.1)$，采用 $M(\cdot, \oplus)$ 算子模型，得到一级模糊评判级 B_i：

$$B_i = w_i \circ R_i = \begin{bmatrix} 0.4083 \\ 0.1188 \\ 0.2967 \\ 0.1763 \end{bmatrix}^T \circ \begin{bmatrix} 0.104 & 0.218 & 0.223 & 0.245 & 0.210 \\ 0.151 & 0.209 & 0.207 & 0.216 & 0.217 \\ 0.162 & 0.212 & 0.195 & 0.225 & 0.206 \\ 0.133 & 0.210 & 0.197 & 0.244 & 0.216 \end{bmatrix}$$

$$= [0.1319 \quad 0.2138 \quad 0.2082 \quad 0.2355 \quad 0.2107]$$

同理可以得到：

$$B_2 = [0.1327 \quad 0.2132 \quad 0.2070 \quad 0.2356 \quad 0.2114]$$

$$B_3 = [0.1232 \quad 0.2152 \quad 0.2137 \quad 0.2375 \quad 0.2105]$$

$$B_4 = [0.1406 \quad 0.2125 \quad 0.2043 \quad 0.2317 \quad 0.2110]$$

由此可以得到第二层评价矩阵 $\boldsymbol{R}_2 = [B_1 \quad B_2 \quad B_3 \quad B_4]^T$，则第二层的评价集为：

$$B = A \circ R = \begin{bmatrix} 0.0669 \\ 0.4912 \\ 0.1742 \\ 0.2677 \end{bmatrix}^T \circ \begin{bmatrix} 0.1319 & 0.2138 & 0.2082 & 0.2355 & 0.2107 \\ 0.1327 & 0.2132 & 0.2070 & 0.2356 & 0.2114 \\ 0.1232 & 0.2152 & 0.2137 & 0.2375 & 0.2105 \\ 0.1406 & 0.2125 & 0.2043 & 0.2317 & 0.2110 \end{bmatrix}$$

$$= [0.1331 \quad 0.2134 \quad 0.2075 \quad 0.2349 \quad 0.2111]$$

按照最大隶属原则，上述结果表明果蔬冷柜销售环节处于较高风险等级。果蔬冷柜销售环节政府监控力度、冷藏冷冻设备故障、消毒设备故障、商品检测技术、员工安全意识、入场检测情况、全程控制跟踪情况、管理人员素质均为高风险因素；灾害发生情况、操作间卫生情况、消费者安全知识普及、异常情况处理情况、温差波动情况等为中等风险因素，其余因素风险较低。

4.3 基于 GO – FLOW 的果蔬冷链系统安全评价

4.3.1 GO – FLOW 法及其基本思想

在系统安全可靠性分析中，主要有以故障为导向的故障树分析（FTA）和以成功为导向的 GO 法（GO methodology）。基于 GO 法的应用，出现了研究随时间变化的系统可靠性的 GO – FLOW 法。GO – FLOW 法和 GO 法都是以成功为导向的系统概率分析技术，可以评估系统的可靠度与安全性，GO – FLOW 法侧重于有一定操作顺序、有时间阶段任务的系统的可靠性分析。

应用 GO – FLOW 法对系统安全性进行分析时，首先要根据系统的功能图建立系统的 GO – FLOW 图，GO – FLOW 图由操作符以及连接操作符的信号线组成，根据时间点顺序依次计算操作符的信号强度，对计算结果进行对比分析，分析整个系统的可靠性。

物流系统是带有阶段性任务的、状态随时间变化的复杂动态系统。物流系统安全评价（safety assessment of logistics system）是在物流系统设计与运作过程中，分析系统内各组成单元的缺陷及可能导致灾害的危险，使其在效能、费用和使用时间上综合达到最佳的安全状态。GO – FLOW 法是解决物流系统安全评价的一种有效的方法。本书应用 GO – FLOW 法对苹果冷链物流系统进行安全评价，单元的可靠度反映了系统的安全可靠性，最终输出的可靠性参数代表整个系统的可靠性特性。

4.3.2 果蔬冷链物流系统 GO－FLOW 可靠性分析

1. **系统分析**

在研究中，笔者对长沙地区毛家桥水果市场、红星水果批发市场，以及长沙市多家超市进行走访调查，以山东栖霞至长沙市毛家桥的苹果流通为例，统计苹果物流环节的作业时间、损耗率等指标，重点分析超市经营生鲜果蔬流通模式中的苹果冷链物流系统的安全风险性。苹果冷链物流系统是保证苹果在采摘后到消费前始终处于其生理所需要的低温环境下（－15℃～－3℃冷却温度带），形成采后预冷—产地冷藏—冷藏运输—销地冷藏—冷柜销售—家庭冷藏的一条冷链。苹果的冷链物流系统包括采收、剔果分级、浸果、预冷、包装、储藏、运输、保鲜销售等环节。苹果冷链物流系统的输出已包含了所有单元和系统的可靠性特性。其冷链物流系统结构如图 4－2 所示：

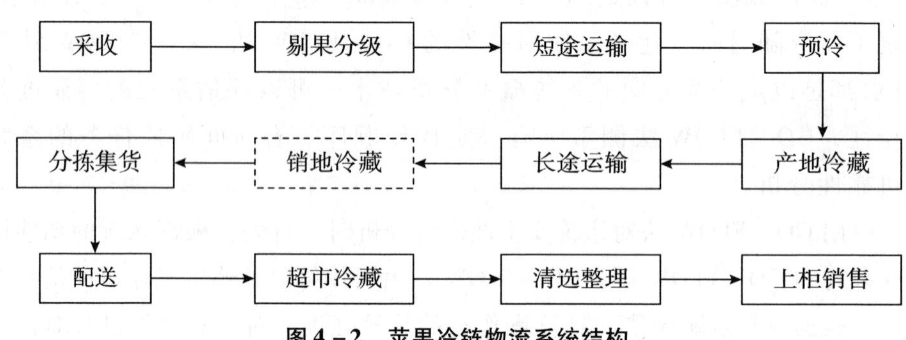

图 4－2　苹果冷链物流系统结构

2. **建立** GO－FLOW

根据苹果冷链物流系统结构建立 GO－FLOW 图，采收是系统的输入源，某个时间产生 1 个输出信号，进入物流系统，用类型 25 操作符信号发生器代表。剔果分级、预冷、包装本身有成功和故障 2 个状态，因此可用类型 21 操作符两状态元件代表。冷藏、冷藏运输、保鲜销售作业期间，苹果的新鲜度会随时间增长而下降，因此选择随时间失效的工作元件类型 35 操作符代表。操作符确定后即可由系统图直接生成 GO－FLOW 图，如图 4－3 所示，GO－FLOW 图信号编号在信号流上，操作符上面的数字表示类型，下面数字表示序号。这个系统 GO－FLOW 图中最终信号编号为 11，信号 11 是系统的输出

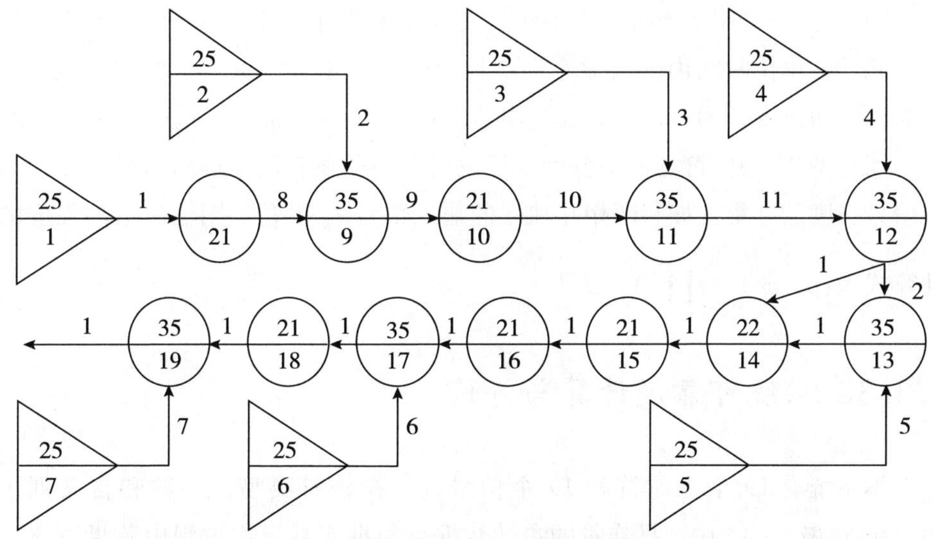

图 4 - 3 苹果冷链物流系统 GO - FLOW

信号，信号强度就表示苹果冷链物流系统的可靠度。

（1）信号。信号强度是用于描述信号的数量特征，在苹果冷链物流系统中，因为苹果具有鲜嫩易腐易损耗的特性，是流通过程中风险较大的生鲜农产品，其品质和数量方面的损耗使商品价值折损。降低苹果在物流系统的损耗率，提高苹果冷链物流系统的可靠度是系统安全性的体现。因此，用信号强度代表苹果的安全性。信号强度越高则说明安全性越好。$S(t)$ 表示输入信号强度，$R(t)$ 表示输出信号强度。$P(t)$ 表示分支输入信号，信号表示类型 35 的分支输入时，信号强度可大于 1。

（2）时间点。时间记录系统的状态变化，某一时间点对应着系统某一特定的状态。在 GO - FLOW 模型中，时间点表示顺序，并不代表时钟具体时间，时间点 4 在 3 之后，3 在 2 的后面，系统运行之间的时间点用时间点 1 来表示。本书研究中假定失效率为平均值，不设点时间点。

（3）操作符及其运算规则系统涉及 3 种类型的操作符。设定 I_s、λ_s 分别表示输入信号的可靠性和故障率，用 I_c、λ_c 分别表示操作符本身的可靠性和故障率，用 I_R、λ_R 分别表示输出信号的可靠度和故障率。各操作符的运算规则如下：①类型 25 操作符用来模拟单信号发生器，仅有一个输出信号，输出信号的可靠度即为操作符的可靠度，$I_R = I_C$；②模拟两状态的操作符是类型 21，这种操作符只有两个信号：输入和输出。输出信号强度为 $I_R = I_s \times I_c$；

③类型 35 操作符用于模拟正在工作的失效概率随时间增长的元件，参数 λ 为工作元件在单位时间内的失效率，即果蔬的变质率或损失率，假定失效率 λ 不随时间而改变，为一常数，其输出信号强度 $I_R = I_s\exp^{-\lambda I_c}$，这里 I_c 表示时间段；④类型 22 操作符是模拟多个信号逻辑关系的逻辑门。输出信号强度为输入信号强度的并集。如有两相互独立的输入信号 I_{s1} 和 I_{s2}，则输出信号强度的计算式为：$I_R = 1 - \prod_{j=1}^{2}[1 - I_{sj}]$。

4.3.3 系统可靠度计算与评价

本系统有 19 个操作符和 19 个信号线，操作符类型，参数和含义列于表 4 – 15。表 4 – 15 中，操作符的参数数据是根据实际运作过程中苹果物流过程各环节的损耗而得出的，最终可得出各单元的可靠度和失效率。根据表 4 – 15数据，从信号发生器开始，根据信号线序列，按运算规则，逐个计算操作符的输出信号强度，直到最终信号，GO – FLOW 分析即完成（可应用 MATLAB 进行模拟运算得出结果）。通过运算得到所有信号状态概率如表 4 – 16 所示。

表 4 – 15　　苹果冷链物流系统操作符数据

编号	类型	参数	含义
1	25	$I_R = 1.0$	摘收
2	25	$I_R = 0.5$h	短途运输时间
3	25	$I_R = 30$d	产地冷藏时间
4	25	$I_R = 26$h	长途运输时间
5	25	$I_R = 7$d	销地冷藏时间
6	25	$I_R = 12$h	超市冷藏时间
7	25	$I_R = 12$h	上柜销售时间
8	21	$I_l = 0.98$	剔果分级
9	35	$\lambda = 0.0015$/h	短途运输
10	21	$I_c = 0.97$	预冷
11	35	$\lambda = 0.0002$/h	产地冷藏

续 表

编号	类型	参数	含义
12	35	$\lambda=0.002/h$	长途运输
13	35	$\lambda=0.0001/h$	销地冷藏
14	22	无	或门
15	21	$I_c=0.97$	分拣集货
16	21	$I_c=0.96$	配送
17	35	$\lambda=0.0001/h$	超市冷藏
18	21	$I_c=0.95$	清选整理
19	35	$\lambda=0.002/h$	上柜销售

表 4-16　　基于冷链的苹果物流系统信号强度计算结果

操作符		操作符的信号		操作符输出信号强度 I_R
编号	类型	输入	输出	
1	25	—	1	1.0
2	25	—	2	0.5
3	25	—	3	720
4	25	—	4	26
5	25	—	5	168
6	25	—	6	12
7	25	—	7	12
8	21	1	8	0.98
9	35	8（2）	9	0.979
10	21	9	10	0.9496
11	35	10（3）	11	0.8223
12	35	11（4）	12	0.7806
13	35	12（5）	13	0.7804
14	22	12，13	14	0.9518
15	21	14	15	0.9232
16	21	15	16	0.8863
17	35	16（6）	17	0.8854
18	21	17	18	0.8411
19	35	18（7）	19	0.8391

从表4－16计算结果可以看出，在预冷环节系统可靠度为0.9496，但经过产地冷藏、长途运输和销地冷藏等环节，系统的安全可靠度为0.7804，操作符14表示或门，即经过长途运输后可直接进行集货分拣、配送等环节，也可以进行销地冷藏，在物流过程中有多种策略选择对于提高系统最终可靠度有一定的贡献度。经过14或门后，可靠度为0.9518，系统最终输出的可靠度为0.8391，说明在一定冷藏条件下，苹果的损耗率降低。

结果表明，运输、配送及冷藏是影响系统可靠度的重要环节，时间与损耗率对系统的安全可靠度产生很大影响，实际调研中，果蔬运输仍以常温运输为主，损耗率、事故率偏高。减少物流环节，提高各环节的安全可靠度，减少环节损耗，可以提高系统的安全度。现对以上系统数据进行修正，通过降低冷藏过程中的损耗，将损耗率 $\lambda = 0.0002/h$ 降为 $\lambda = 0.0001/h$，将销地分拣集货、配送以及超市损耗率降低在0.02以内，修正后系统最终安全度达0.9136，说明系统的安全性得到明显提高。对系统进行修正后得到计算数据如表4－17所示。

表4－17　　改进后的苹果物流系统信号强度计算结果

操作符		操作符的信号		操作符输出信号强度 I_R
编号	类型	输入	输出	
1	25	—	1	1.0
2	25	—	2	0.5
3	25	—	3	720
4	25	—	4	26
5	25	—	5	168
6	25	—	6	12
7	25	—	7	12
8	21	1	8	0.98
9	35	8（2）	9	0.979
10	21	9	10	0.9496
11	35	10（3）	11	0.8836
12	35	11（4）	12	0.8388
13	35	12（5）	13	0.8386

续 表

操作符		操作符的信号		操作符输出信号强度 I_R
编号	类型	输入	输出	
14	22	12，13	14	0.9740
15	21	14	15	0.9545
16	21	15	16	0.9354
17	35	16（6）	17	0.9345
18	21	17	18	0.9158
19	35	18（7）	19	0.9136

4.4 本章小结

本章建立了果蔬冷链安全风险评估指标体系，引入了层次分析法和模糊综合评价方法，针对果蔬冷链种植、运输、配送加工、储藏与销售各环节进行安全风险评价，本研究以实际调研分析的资料为依据，评价各环节的安全风险水平，分析各种风险因素的影响程度。结果表明：果蔬冷藏运输环节、配送及销售环节为较高风险等级，种植环节、冷藏环节为中等风险等级，在果蔬农产品流通过程中冷藏设备、运输工具、检测消毒等设备故障、操作人员素质、消毒执行情况、加工操作规范性等均为高风险因素，政府监管力度、管理人员素质等也是有重要影响的风险因素。

GO－FLOW 法对果蔬物流系统进行量化分析与安全评价有其独特的优越性，本章以山东栖霞至长沙市毛家桥的苹果流通为例，研究了苹果物流系统内部结构及要素单元，分析了系统各要素单元对其可靠性的影响，结果表明：运输、配送及冷藏是影响系统可靠度的重要环节，时间与损耗率对系统的安全可靠度产生很大影响。苹果等果蔬农产品冷链物流系统运作的控制重点在于：监管损耗率、事故率较高的系统单元；尽量压缩冷藏、运输、柜台销售等相关环节的作业时间；建立多种可选择的物流渠道以备系统进行风险应急选择。

5 基于 Multi – Agent 的果蔬冷链物流系统的结构优化

果蔬冷链物流系统是一种典型的分布式系统。冷链物流包括多个复杂的流通环节，当前各物流单元通常各行其是，很难实现对各环节实施全程质量的监控与整体效率的提高。基于果蔬冷链物流系统与多 Agent 系统的共性，引入 MAS 技术对果蔬冷链物流系统进行协同优化是可行的，物流系统中各功能环节可由单个 Agent 或 Agent 群来实现，以达到进一步提高果蔬冷链农产品时效性的目的，为其质量提供保障。

5.1 基于多 Agent 的协同物流系统模型

5.1.1 协同物流任务的描述

协同物流（Synergetic Logistics）是指将分散的但相互依赖的物流实体，依据“竞争—合作—协调”的自组织运行机制，组成一个具有自组织能力的体系，使体系中各物流实体能共同协作，完成共同任务，实现统一目标的物流管理活动。

协同物流的主要理论依据是协同学的自组织原理，参与协同物流的各个物流实体构造了一个具有自组织能力的协同物流系统（Synergetic Logistics System），这种协同物流系统是建立在虚拟企业组织形态之上的物流组织与管理系统。

协同物流任务（Collaborative Logistics Tasks）指的是一种市场机会，这种机会是具有明显时效性的，难以预测并且是随机出现的。协同物流任务通常具有以下特点：

①物流任务通常是随机出现的，并带有一定的时效性。

②物流任务的实现需要多种物流资源，多种物流实体参与。

③物流任务按物流功能可分解为物流功能（运输、仓储等）子过程或者子任务，可分为更小子任务，物流总任务与子任务之间是一种树型的结构关系。如图 5 - 1 所示，任务 0 为总任务，可分解为 1 和 2 两个子任务，其中子任务 1 又可分解为 1. 1 和 1. 2 子任务，子任务 2 可分解为 2. 1，2. 2 子任务，1. 1 子任务还可分为 1. 1. 1，1. 1. 2，1. 1. 3 更小子任务，箭头表示任务之间的结构与顺序。

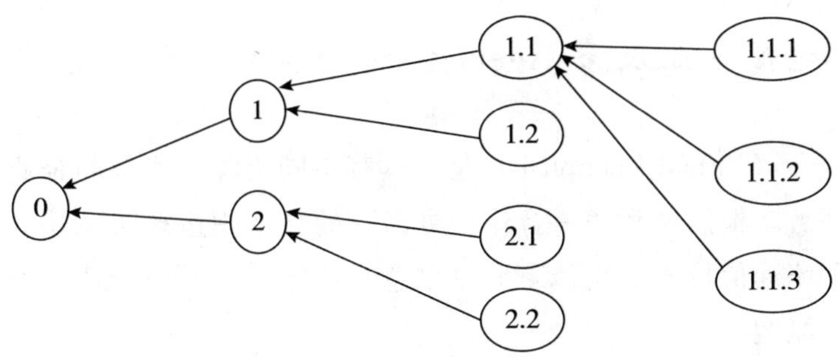

图 5 - 1　物流任务结构树型

④完成物流任务需要并产生大量的数据与信息。

⑤相对冷链物流任务，物流运作成本、温度监控率及完成时间均可成为任务完成的关键约束。

⑥为表达方便，用 *Task* 表示任务，T_i（$i = 1,2,3,\cdots,n$）表示第 i 个任务，T_{ij} 表示第 i 个任务下的第 j 个子任务。

5. 1. 2　物流资源与物流实体的概念

物流资源（The Logistics Source）是完成物流任务所需的各种要素。涉及各项物流专业技术、人力资源、资金、信誉及关系等，需要大量的物流实体各自贡献出所需资源，共同完成。

物流任务与其所需资源是对应的关系，对应于物流任务的物流资源也呈树型结构关系。为表达方便，用 Source 表示物流资源，TS 表示任务所需资源，TS_i 表示第 i 个任务所需资源。

物流实体（The Logistics Entity）为完成物流任务而提供物流资源并从中获得相应回报的自治的、独立的组织，例如仓储物流组织、运输物流组织或综合性物流组织。为表达方便，用 Entity 表示物流实体，E_i（$i = 1,2,3,\cdots,m$）表示第 i 个物流实体。

参与协同物流的各个物流实体在组织上是具有其自主权的、独立的，其各自拥有物流资源，同时具有不用的利益要求，各物流实体各自动态变化发展，实体之间存在难以预见的相互作用，但每一个实体都需自主独立进行局部决策。

5.1.3 虚拟企业及多 Agent 协同物流系统结构模型

虚拟企业（Virtual Enterprise）是指具有不同资源与优势的企业为了协同完成物流任务，根据“竞争—合作—协调”的自组织运行机制建立的，在计算机信息网络通信技术等支撑下共享信息与技术、共同分担成本、共同创造利润的企业联盟。

虚拟企业中的各物流实体自发要求突破自身组织界限，通过竞争达到资源的优化配置，达到较高的运行效率；各物流实体承担的任务逻辑上相互依赖，需要各实体相互配合，合作完成任务；各物流实体的各项物流资源协调一致，各物流环节相互协作以完成虚拟企业最终的共同任务。

物流实体通过提供资源获得相应利益回报，成本、质量与时间是衡量物流任务完成情况的关键因素。图 5－2 构造了一种各物流实体的物流资源协调一致共同完成虚拟企业最终任务的多 Agent 的协同物流系统结构模型。根据图 5－2 可知多 Agent 协同是以物流任务为中心，所需资源在完成任务中承担某项或某些子任务，物流实体即 Agent 是协同系统中的基本逻辑单元，它可能是某物流资源的代理，也有可能表示系统的某一个阶段、流程等。

5.1.4 Agent 的通用结构

相互协作配合的 Agent 构成了协同物流系统的核心，各 Agent 有其内部结构与行为表现，一个 Agent 有其独立的通信管理器、协同控制器、用户接口、感知管理器以及数据库与知识库。如图 5－3 所示，通信管理器接收来自其他

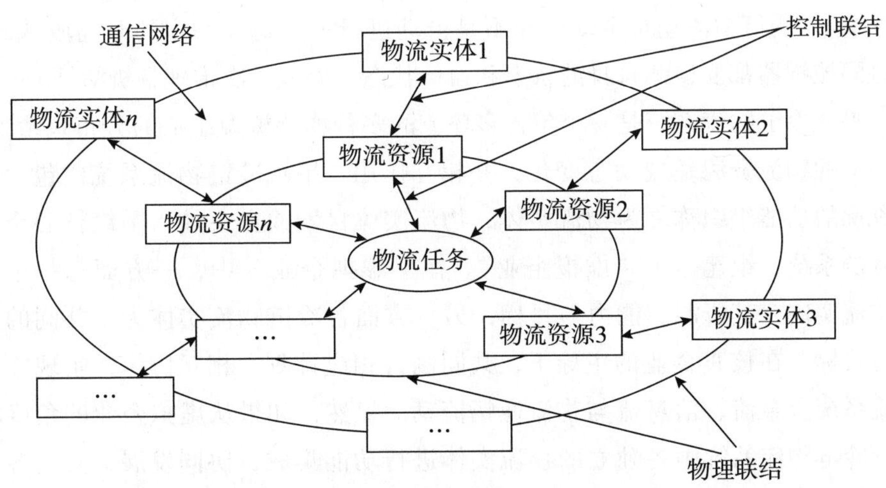

图 5－2　多 Agent 协同物流结构模型

Agent 的请求或消息，由协同控制器依据这些请求与消息，结合 Agent 的状态及所需的功能构件进行分析、推理，同时 Agent 中的感知管理器通过及时感知性与快速响应性，不断检测外部环境的变化，将外部环境具体变化及时反馈给 Agent 内部，协同控制器结合外部环境的变化，进行进一步推理与分析，更新 Agent 数据库，也从知识库中读取系统协调相关信息，由协同控制器结合信息对内部模块进行协调，最后由通信管理器将协调信息与外部环境变化以共享信息与语言的形式向其他 Agent 发送，以便其他 Agent 进行相应调整，完成 Agent 所要求的特定功能。

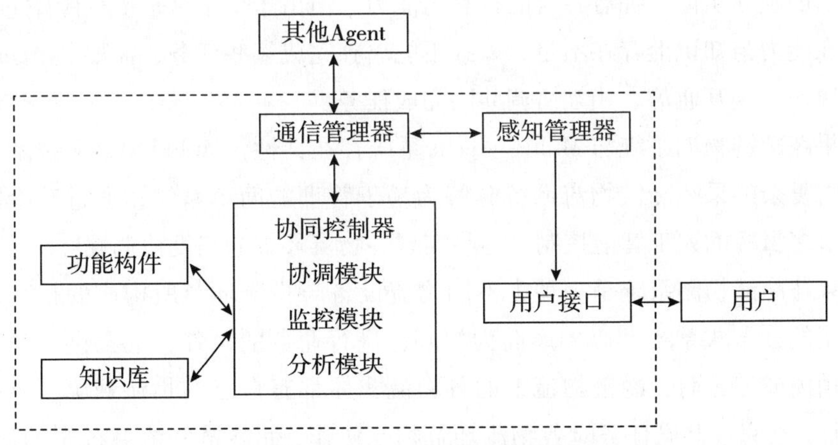

图 5－3　Agent 通用结构模型

Agent 的行为活动是主动的而不是被动进行的，每隔一定的时间段 Agent 的协同控制器都要检测自身的状态和通信状态，完成一次推理分析活动。

果蔬冷链物流系统是一个包含多环节的多种物流资源组成的分布式系统，各环节的物流资源呈现动态变化，并相互作用。果蔬冷链物流系统中包含多种资源的功能组织称之为物流实体，物流实体自发或自主加入围绕核心企业的冷链系统，组建一个“虚拟企业”。在“虚拟企业”中，一方面每一个冷链物流实体有其资源、能力与目标，另一方面各冷链物流实体为了共同的任务与目标，在核心企业的主导下，共同制订相应计划，相互协作，实现冷链物流系统资金流、信息流与物流通畅流动。显然，如果从虚拟企业的角度将果蔬冷链物流系统中各独立的物流实体进行功能集成，协同发展，实现各物流实体的资源配置及运作效率优化，共同完成任务，将使系统发挥巨大的经济与社会效益。果蔬冷链物流协同既要解决各物流实体分布异构的问题，也要保护既有的系统。Multi - Agent 技术为解决这个问题提供了方法。

5.2 基于安全与效率的果蔬冷链系统 MAS 体系

5.2.1 Multi - Agent 在果蔬冷链系统中的应用机理

Multi - Agent 系统是由多个 Agent 组成的松散的网络，功能各异的 Agent 是自治的独立实体，拥有各自的权利与能力，但由于单个 Agent 不具有完全信息，在能力与知识上存在不足，以致不能单独完成某些任务，需要各 Agent 间相互协作、相互通信、相互协调共同完成任务。

果蔬冷链物流系统与 Multi - Agent 系统存在共性，Multi - Agent 技术优势在于将复杂的果蔬冷链物流系统分解为易于管理的简单系统；通过对冷链的各环节多目标的人工智能控制，容易实现各物流环节的高度协调性。

果蔬冷链物流系统是一种由不同物流设备与物流环节所构成的相互关联的典型的分布式系统。以生产商为核心，进行业务的延伸，上至供应商，下到经销商或零售商，冷链物流上的各物流实体都有自己的物流资源、能力以及目标，在完成共同任务时各物流环节相互协作，使冷链物流系统中的信息、资金与物质能通畅地流动，为客户提供产品和服务。然而，果蔬农产品流通包括了采收存储—生产加工—运输—配送—销售等多个复杂的环节，当前很难实现对复杂环节实施全程质量监控，也无法对问题产品进行快速溯源。物流企业在提供物流服务时最为关注的是其服务的成本和效率，对于产品在整个物流过程中影响产品质量与安全的各类信息缺乏记录与存储。

本研究将果蔬农产品物流质量监控作为物流企业完成物流任务的主要目标之一，根据冷链过程主要物流环节的功能与控制要求，采用 Agent 层次交叉模式，建立多目标的果蔬冷链物流 MAS 系统（见图 5 -4），系统分为控制层、协调层和执行层三个层次，控制层是整个果蔬冷链协调控制中心层，主要负责协调与管理果蔬流通过程的运作与质量管理，协调层主要是由各物流功能环节组成，各功能环节的具体任务形成系统的执行层。基于果蔬农产品质量安全的控制要求，政府需对全程质量安全风险进行监控，形成政府质量安全监控平台，针对消费者和客户的需求，系统提供消费者质量查询的功能，以及客户物流信息的跟踪查询功能。本系统的目标为：支持虚拟企业组建与运行、降低供应链运作成本、全程质量跟踪、提高响应速度与效率、实现合作伙伴的双赢、减少运作时间、赢得市场竞争。系统以果蔬农产品物流流程为主线，建立果蔬冷链协调控制多 Agent 系统，系统按流程分解为采收仓储 Agent、运输 Agent、流通加工 Agent、配送 Agent 和销售流通 Agent。其中，任何一个 Agent 都是由多个控制环节和企业信息组成的集合，每一环节需完成信

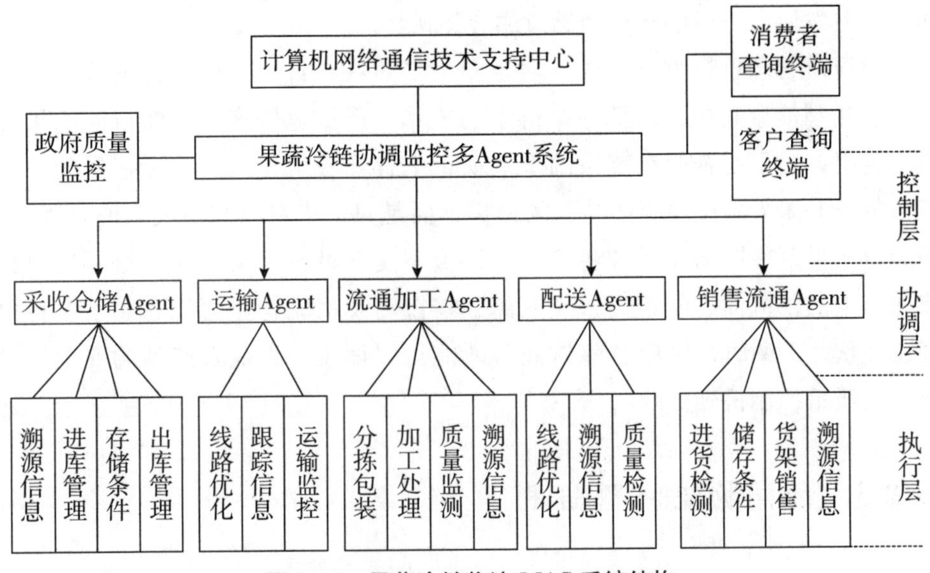

图 5 -4　果蔬冷链物流 MAS 系统结构

息收集与管理、物流运作设计与管理等多项物流相关任务，同时每一控制环节都包含环节负责人、控制标准、文档信息、质量检验等，各环节元素通过层层约束，可建立供应链上溯源信息之间的严密逻辑关系，从而达到食品质量溯源的目的。系统在互联网技术、数据库技术、无线射频通信技术 RFID（Radio Frequency Identification）、系统集成技术、物流技术、管理技术等协同支撑下实现。各成员 Agent 安全风险信息协调是系统协商的重要部分。

5.2.2 果蔬冷链系统的协商特性分析

果蔬农产品生产具有季节性、地域性与分散性，消费具有多样化、大众化的特点，大量果蔬类农产品需从各地调配，因此果蔬农产品物流量特别大，市场供需信息也极为分散；另外果蔬农产品本身的易腐性、保鲜期短、不易储存等特点对物流技术和服务水平的要求也很高。果蔬农产品物流全过程应处于无污染环境，需进行质量安全风险控制，要求参与的资源实体具备冷链技术与设施。规模庞大的果蔬农产品与物流资源供应群体及相应的物流运输、储藏、配送等诸多环节，构成了层次繁多、交互频繁的复杂的分布式协商体系。在这种分布式协商体系中，各资源实体之间具有明显的分布式特性，各成员实体为了及时获取所需资源，可同时与多个拥有该资源的成员进行带时间性的并发协商，以期选择到满意的合作伙伴。

供应链管理思想重点体现在对链条上节点在设计、运作、计划等方面的协调，达到信息共享，降低整个链上的成本，形成竞争优势。而目前的果蔬供应链上，上下游企业在链条的全局认识上存在较大偏差，实际运作中各物流实体也并未着眼于整个链共赢的目标，而是只追求自己的最大利润。因此，博弈分析果蔬冷链物流系统各成员的协商、交互及合作关系非常必要。当果蔬冷链上的供应商、制造商、经销商、零售商及物流企业之间建立了一种柔性合作伙伴关系时，供应链整体效益才能得以体现，果蔬农产品的安全风险评价与质量控制得到保障。

5.2.3 协同物流问题描述

果蔬冷链协同物流系统（用 FVCLS 表示），由核心企业（用 CE 表示）

及分散的多个协同物流企业（用 CLE 表示）组成，每个物流企业有其内部的物流单元（用 LU 表示）。物流系统中的各主体企业是竞争性的伙伴关系，为了保持生鲜果蔬农产品始终处于维持其品质所需温度的环境下，通过互相协作、信息及资源技术的共享实现果蔬农产品的无缝对接，以期达到保障食品安全、降低物流成本、获取最大效益的最终目标。

物流任务触发了协同物流的要求，FVCLS 应果蔬物流任务存在而成立，CE 的主要职责在于寻找市场机会，转化为要求完成的物流任务，将需要大量资源支持的任务分解，通过网络寻求 CLE 共同来落实任务。CLE 在 FVCLS 中是任务分承包人的身份，根据自身的资源优势与能力，CLE 向 CE 请求并选择能发挥其最大效用的任务，同时将所承诺的任务分解并分配给其所属的物流单元。在 FVCLS 中 CE 及 CLE 均为自治的、独立的物流实体，因此，使系统中的物流实体协调一致完成共同任务，需解决以下协同问题：

1. CE 与 CLE 之间的信息协调问题

因客户需求的变化造成物流任务的改变时，CE 需及时向 CLE 传递相关信息，CLE 在执行任务时遇不可测事件造成物流任务计划的改变时，也必须将信息及时准确传达给 CE，如果 CE 与 CLE 之间缺乏实时协同，将导致物流任务完成周期加长。

2. CLE 之间的任务协调问题

CLE 拥有各自的资源、信息及技术优势，为能协调一致完成物流任务，实现 FVCLS 总体目标，加入系统的各个 CLE 需建立一种实现任务的协调计划与机制。

3. CLE 内部的目标协调问题

CLE 内部的协调主要指内部目标的协调。CLE 内部存在着诸如物流成本最小、设备利用率高、服务水平最高等多种决策目标，这些目标之间往往存在着效益背反的关系，即一个目标的实现会影响其他目标，因此，如何将企业内部目标协调一致是 CLE 决策协调存在的问题。

5.2.4 基于 MAS 的果蔬冷链物流系统

为了解决 FVCLS 中以上协调问题，引入 Mult - Agent 技术，系统由一个管理代理（MAgent）、若干动态形成或消失的物流任务（TAgent）、物流资源代理（EAgent）以及物流单元（LUAgent）构成。

基于 MAS 的 FVCLS 交互结构是一种动态的可重构的结构（见图 5－5），在系统内部，管理代理（MAgent）根据同盟提供、信息收集或用户上门等途径收集客户的物流订单，根据物流订单生成各项物流任务，按物流的运输、仓储、包装、装卸、配送、流通加工等功能将任务分解成若干物流子任务（TAgent）。物流任务（TAgent）与物流资源代理（EAgent）之间通过合同网协议招标确定各物流企业与子任务之间的对应关系，然后各物流资源代理（EAgent）驱动其物流单元（LUAgent）完成所分配的任务，并对其物流过程进行温度与质量控制。系统中的物流资源代理（EAgent）充分自治，它们可以自主决定物流运作计划，动态改变资源结构，自主决定是否通过与其他 Agent 协同完成任务以及协同的方式等。

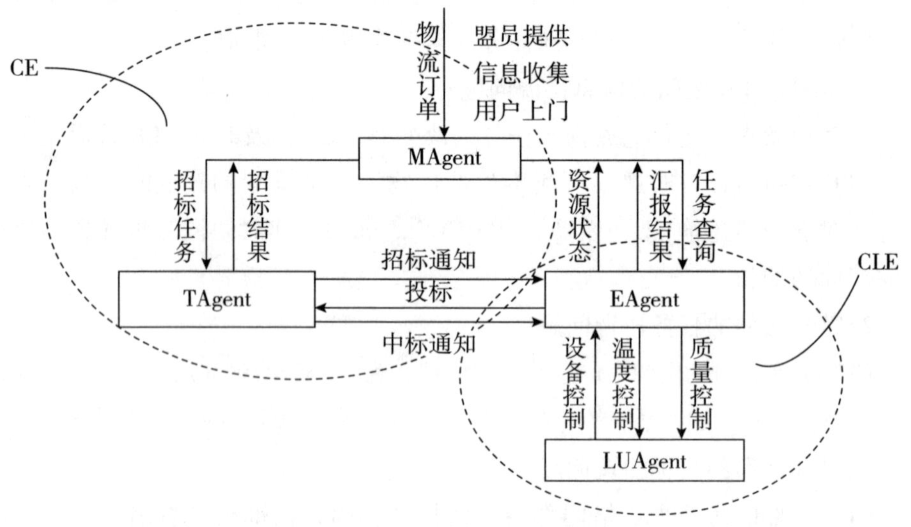

图 5－5　基于 MAS 的 FVCLS 交互结构

5.3　果蔬冷链物流系统中的多 Agent 协作

5.3.1　果蔬冷链物流系统各 Agent 的功能描述

1. MAgent 的功能

MAgent 主要负责接收订单、订单处理和任务分解，它相当于全局管理者，又相当于系统管理员，其核心功能如下：

①接收人工或电子传输来的物流订单，并对订单进行审核，核查物流安全信息的准确性，客户的信用状况；

②转录订单信息，录入方式为键盘或条码录入；

③根据物流订单分解为有明确实物、起始和终止的时间、物流的起点和目的地、任务量、任务所需物流资源（冷藏运输工具、冷藏冷冻仓库等）的物流任务，形成的物流任务，由 TAgent 进行处理；

④接收 TAgent 监督到的任务执行情况的信息，负责异常情况的处理；

⑤为 SAgent 提供注册验证等服务，建立合作交互愿望的网络平台；

⑥负责协调与管理冷链物流过程的运作与质量安全管理；

⑦负责处理 SAgent 之间的通信协商问题。

2. TAgent 的功能

在 FVCLS 中 TAgent 是动态存在的。当 MAgent 接到一个物流需求订单，就会生成一个或若干个任务 TAgent，当这些任务完成后，TAgent 自动退出系统。TAgent 主要功能在于与 CE 协商，先分配 CE 利用自身资源所能承担的任务，然后将其他任务向 CLE 进行通告，组织投标（Bid），收集 CLE 的投标信息，从投标 CLE 中选择最合适的 EAgent，并与其签订合同，并将结果报告给 MAgent。

3. EAgent 的功能

每一个 EAgent 代表的是系统中参与竞争和协作的物流企业。系统中同时具有多个 EAgent，其主要功能有：接收相关任务消息，评价自身资源状况与参与竞标的资格，对感兴趣的任务投标，如中标则按合同分配自己所承担的任务，组织企业资源执行各项任务，同时将执行状态报告给 MAgent。

4. LUAgent 的功能

LUAgent 代表的是物流企业中的物流单元，是为了完成各项子任务而进行的物流资源组合或物流功能组合。LUAgent 的功能与对应的 EAgent 是一致的。

5.3.2 多 Agent 协作

果蔬冷链协同物流系统的组建是否成功，不仅取决于核心企业 CE 选择怎样的协作伙伴，也需要物流企业 CLE 权衡其是否加入虚拟企业。各 Agent 在协商过程中动态调整其策略，代表各自己实体或执行单元的利益就共同的问题与其他 Agent 进行推理与协商，形成一个分布式的协商环境。在一般的协商环境中，Agent 均有其偏好及所受约束的相关自身的私有信息，不为其他 Agent 所知。本书在协商过程中运用多阶段协商模型，并采用全局偏好评估与冲突消除，描述果蔬冷链物流的协商过程，各 Agent 有其自身的偏好模型，并且在无须知道其他 Agent 偏好细节的情况下进行协商，在保证系统全局利益的前提下，使成员企业获得最大竞争力和效益，真正实现整体“共赢”。

1. 基本假设

（1）协商事件的发起者与合作者均为 Agent。

（2）参与协商的每一 Agent 具有有限理性，都具有自身偏好与约束，且具有不完备信息。

（3）Agent 是自利的，即追求自身效用最大化。

（4）对于协商双方来说，时间因素、温度因素、成本因素、安全风险因素是宝贵的。

（5）协商失效是最坏的结果。

接收订单的 MAgent 收到一个需要协同完成的任务 T，TAgent 通过 Internet 发布任务，同时也从 facilitator（服务商）库中查询能完成任务的 Agent，如果对于某一项子任务，至少能选择一个 Agent 来对应完成时，则可开始多阶段协商过程。

步骤 1：发起者 MAgent 发布协商事件，指定完成时间、报价、要求等变量特征值。

步骤 2：建议的提出与评价。MAgent 要求潜在的合作 Agent 给出子任务的报价建议。由 MAgent 评价合作 Agent 提出的建议，如不满意所提出的建议，则提出反建议，如此反复协商，直到对子任务报价达成一致为止。

步骤 3：多边协商，组成联盟。MAgent 根据前期的协商确定不同类型的 Agent 组成可能的联盟集合（$R_1, R_2, R_3, \cdots, R_i$），并将可能联盟 R_i 的信息反馈给 R_i 中的 Agent，由联盟 R_i 内的 Agent 进行多边协商，最终确定是否联盟承担总任务。

结束条件：

①达成一致。如所有 Agent 均协商同意一个一致结果，则这个结果为最优解，可执行下一步。

②无法达成一致。参与协商的 Agent 提出建议遭拒，或拒绝接受发起方所提建议，则发起者建议无法找到解，这种情况下需重新计划或重新协商。

步骤 4：协商结果确认并提交执行。确定所提建议协商后被接受，合作 Agent 按协商建议提交执行的时间列表。

2. MAgent 与潜在 EAgent 之间的协商过程

MAgent 进行任务分解后，由任务 TAgent 就某项子任务 i 与潜在的 EAgent 进行协商，$t_{\max}$ 为达成协议的最后期限。潜在的 EAgent 就子任务 i 向 TAgent 提出初始建议 $Sug^{0}_{e\to ta}(i)$（其中 e 表示协同物流企业 EAgent，ta 表示任务，i 表示某类子任务），并相互提建议与反建议进行协商。若协议到了最后期限 $t_{\max}$，或潜在 EAgent 对建议提出拒绝，则协商终止。在潜在 EAgent 与任务 TAgent 的协商线程中（见图 5－6），不同时刻相互进行着建议与反建议的交替，直到最后双方均接受建议。

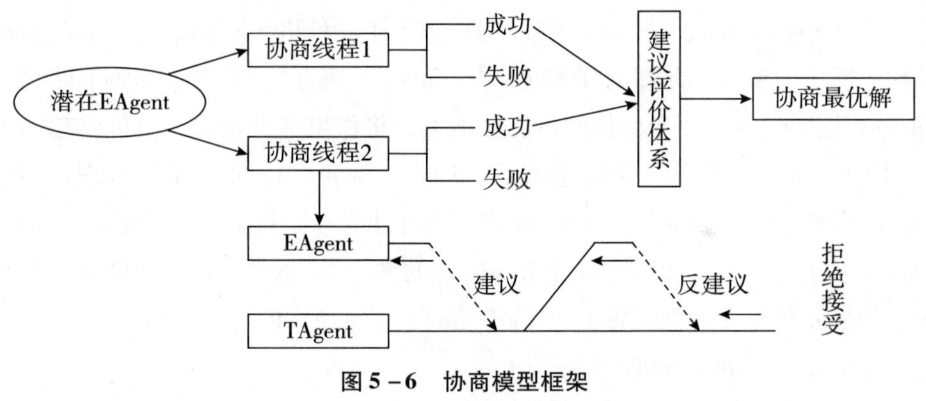

图 5－6　协商模型框架

设 $E^{e}(Sug)$ 为 MAgent 对建议 Sug 的评价函数，下列函数表示了协商过程中的建议与反建议状态。

$$F^{e}(t_n, Sug^{t_{n-1}}_{ta\to e}(i)) = \begin{cases} accept, E^{e}(Sug^{t_{n-1}}_{e\to ta}(i)) \geqslant E^{e}(Sug^{t_n}_{ta\to e}(i)) \\ reject, t_n > t_{\max} \\ Sug^{t_n}_{ta\to e}(i), E^{e}(Sug^{t_{n-1}}_{e\to ta}(i)) < E^{e}(Sug^{t_n}_{ta\to e}(i)) \end{cases} \quad (5-1)$$

式（5－1）中，$Sug^{t_n}_{ta\to e}(i)$ 为任务 TAgent 在 t_n 时刻向潜在的 EAgent 提出的反建议。潜在的 EAgent 在 t_{n-1} 时刻向任务 TAgent 提出建议后，任务 TAgent 有接受、拒绝和提出反建议三种反应，协商最后的结果是双方接受的建议。

在协商过程中，关键是 Agent 采用何种协商策略，使自己能获得更可能多的收益。所有 Agent 采用某一固定协商策略模式是不可能的，Agent 需要在出价过程中不断调整策略，更新信息库与知识库，支撑 Agent 的行为。

在式（5－1）所示的协商过程中，假定任务 TAgent 在 t_n 时刻建议 $Sug_{e\to ta}^{t_n}(i)$ 出价为 ta_t，EAgent 在 t_{n-1} 的反建议 $Sug_{ta\to e}^{t_{n-1}}(i)$ 出价为 e_t，在 t_{n+1} 时刻，TAgent 可采取如下几种协商策略。

①TAgent 出价服从 $[ta_t, e_t]$ 上的指数分布，在偏向 ta_t 时，概率密度函数为：

$$f_i(p) = Me^{\alpha(\frac{p-e_t}{t_{\max}-t})} \tag{5-2}$$

②TAgent 出价服从 $[ta_t, e_t]$ 上的指数分布，在偏向 e_t 时，其概率密度函数为：

$$f_i(p) = Me^{\alpha(\frac{ta_t-p}{t_{\max}-t})} \tag{5-3}$$

式（5－2）和式（5－3）中 M 为权数因子，价格 $p\in[ta_t, e_t]$，α 是特征参数，反映 TAgent 的协商策略趋向。策略①表示，随着协商时间变短，TAgent 认为 EAgent 改变出价的可能性不大，将作出更大让步，出价将趋向于 e_t，EAgent 的效用增大；策略②表示，TAgent 认为 EAgent 出价不合理，随着协商时间变短，TAgent 相信 EAgent 将可能作出让步，因此出价将趋向于 ta_t，TAgent 效用增大。让步程度取决于参数 α 的大小，α 越大，概率密度曲线越平缓，如果 α 足够大，则 TAgent 出价将趋向于 $[ta_t, e_t]$ 的均匀分布。

③潜在 EAgent 之间的协商过程。

经过前面一阶段的协商，不同类型的 Agent 组成了虚拟企业的可能联盟集合 $A_1, A_2, A_3, \cdots, A_n(n\geqslant 2)$，$\{\langle X_1, X_2, X_3, \cdots, X_n\rangle \mid X_i\in A_i;(i=1,2,3,\cdots,n)\}$ 为 n 维卡氏积，每一个联盟集合 A_i 都能够独立完成任务，任务 TAgent 将第一阶段协商的结果 $\{P_1^{(i)}, P_2^{(i)}, \cdots, P_m^{(i)}\}$ 反馈给 A_i 各成员 $a_j(a_j\in A_i)(j=1,2,3,\cdots,m)$。

各成员 a_j 依据自身的经验与知识，得出与其他成员协作得到的相应收益 $I_{A_i}(a_j)$，并给出与其成员协作可节省的成本估计 $C_{a_j}(A_i)$ 及安全信息协调管理成本 $C_{a_j}(B_i)$。

$$I_{A_i}(a_j) = P_i + \beta_i(T(s) - \sum_{i=1}^{n} P_i) + C_{a_j}A_i - C_{a_i}(B_i) \tag{5-4}$$

式（5－4）中，$\beta_i\left(T(s)-\sum_{i=1}^{n}P_i\right)$为除$P_i$外所能获得的额外报酬，其中$\beta_i$为分配系数，$T(s)$为虚拟企业整体收益。虚拟企业成立的好坏体现在最终联盟形成后，可重新额外分配给成员企业的旁支付上。协商过程可使虚拟企业获得最大旁支付（$\max(T(S))-\sum_{i=1}^{n}p_i$）。也就是说，组建虚拟企业除了可获得预期收益$T(s)$以外还可产生协同效益$\sum\delta a_j(A_i)=\sum\left(\beta_i(T(s)-\sum_{i=1}^{n}P_i)+C_{a_j}A_i-C_{a_i}B_i\right)$。也就是协商过程能保证虚拟企业全局效益最大化的同时，其成员企业也可获得满意的收益。

5.4 模拟分析

5.4.1 实验设计

为了便于理解上述果蔬冷链协商物流系统协商机制，本书设计一个例子进行模拟分析。

长沙某物流企业甲接受了一批苹果从山东烟台栖霞市运往长沙市毛家桥市场的物流任务，合同金额为每年 180 万元，由于物流企业甲并不具备独立完成所有物流任务的能力。因此，物流企业甲将苹果物流的任务分为了三个子任务，任务 1 为从山东烟台栖霞市装运经长途冷藏运输到长沙市某冷库，

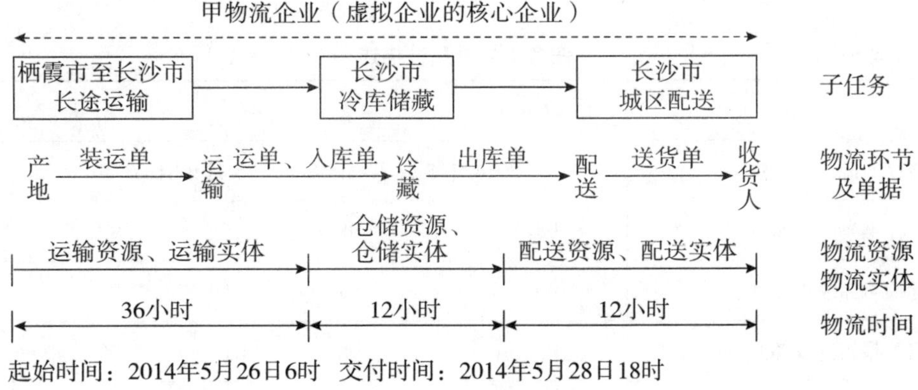

图 5－7 物流运作流程示意

任务 2 是长沙市冷藏保管，任务 3 是长沙市冷库到零售终端的苹果配送。物流企业甲决定完成每个子任务的合作伙伴，每一次物流作业的时间安排、起始时间与交付时间不同，路线与作业要求均相同。

在虚拟企业中，甲物流企业是核心企业，经过甲物流企业发布任务后，有如下 9 个具有相应物流资源的企业 Agent 投标各项子任务。其中运输企业、仓储企业、配送物流企业各 3 个（其中甲物流企业可参与配送业务投标）。

表 5 -1　　　　任务 1 标书属性描述

项目	A – Agent	B – Agent	C – Agent
运输时间	2014 年 5 月 26 日 6 时至 5 月 27 日 18 时		
计划执行率（%）	98	97	99
提货准时率（%）	96	98	97
订单准时完成率（%）	96	96	98
货损率（%）	3	2.5	3.2
延期交货赔偿率（%/天）	5	10	8
报价（万元）	1.85	1.81	1.78

假设 Facilitator 中没有资源企业 EAgent，并且相关指标的行业平均值如表 5 -4 所示，根据行业平均值确定所有投标企业可成为潜在的 EAgent，等待与 TAgent 协商，因此 TAgent 与 EAgent 之间主要存在价格方面的协商。

表 5 -2　　　　任务 2 标书属性描述

项目	D – Agent	E – Agent	F – Agent
储存时间	2014 年 5 月 27 日 18 时至 5 月 28 日 6 时		
库存准确率（%）	98	98	97
货损货差率（%）	96	97	96
相关报表递交准时率（%）	97	98	96
报价（万元）	0.8	0.82	0.78

表 5 - 3　　任务 3 标书属性描述

项目	G - Agent	H - Agent	甲 - Agent
配送时间	2014 年 5 月 28 日 6 时至 5 月 28 日 18 时		
提货执行率（%）	97	98	97
送货到达准时率（%）	96	98	97
单证交回及时率（%）	96	97	96
货损率（%）	3. 1	3	2. 9
客户投诉率（%/天）	2	3	2
报价（万元）	0. 91	0. 9	0. 93

表 5 - 4　　相关指标行业平均值

项目	平均值
运输计划执行率（%）	97
运输提货准时率（%）	96
运输订单准时完成率（%）	96
运输货损率（%）	3. 5
运输延期交货赔偿率（%/天）	5
库存准确率（%）	97
库存货损货差率（%）	96
相关报表递交准时率（%）	96
提货执行率（%）	97
配送送货到达准时率（%）	96
单证交回及时率（%）	96
配送货损率（%）	3. 2
客户投诉率（%/天）	2

5. 4. 2　算例验证

在虚拟企业中甲物流企业与潜在的物流资源企业进行协商，假定任务 1 的服务市场价格取值为［1，2］（万元），最多协商次数为 10 次，最低报价

$ta_0 = 1$，任务 TAgent 期望报价 $ta_q = 1.1$，任务 TAgent 自身保留价 $ta_b = 1.8$，最高报价 $e_0 = 2$，潜在 EAgent 期望报价 $e_q = 1.9$，潜在 EAgent 自身保留价 $e_s = 1.2$，如果任务 TAgent 采取激进出价策略，而潜在 EAgent 采用保守出价的策略，通过不同的积分得到：

$$ta_2 = \int_{ta_t}^{ta_b} pf_i(p)\,\mathrm{d}p = \int_{ta_1}^{\frac{ta_b+e_1}{2}} pMe^{\frac{p-\frac{ta_b+e_1}{2}}{\alpha(t_{\max}-t)}}\mathrm{d}p$$

$$= \int_{1.1}^{\frac{1.8+1.9}{2}} pMe^{\frac{p-\frac{1.8+1.9}{2}}{0.55(10-2)}}\mathrm{d}p = 1.762$$

$$e_2 = \int_{e_s}^{e_t} pf_i(p)\,\mathrm{d}p = \int_{\frac{e_s+ta_2}{2}}^{e_1} pMe^{\frac{\frac{e_s+ta_2}{2}-p}{\alpha(t_{\max}-t)}}\mathrm{d}p$$

$$= \int_{\frac{1.2+ta_2}{2}}^{1.2} pMe^{\frac{\frac{1.2+ta_2}{2}}{0.55(10-2)}}\mathrm{d}p = 1.816$$

同理计算出 $ta_3 = 1.78$，$e_3 = 1.744$，至此得到 $ta_3 > e_3$ 协商成功，成交价格则为 $\frac{1.78 + 1.744}{2} = 1.762$。

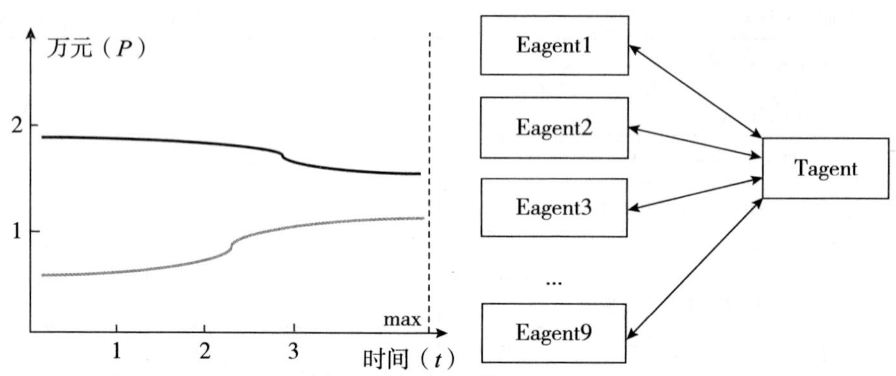

图 5-8　Tagent 和 Eagent 之间的协商

图 5-8 演示了 Agent 之间进行协商发送信息的情况，左边图反映各 Agent 的所出的价格曲线。曲线变化由各 Agent 协商决定，如 Eagent 与 Tagent 的出价曲线相交某点，则表示协商成功，交点价为双方均认可的价格，否则协商失败。任务 2 和任务 3 同样进行以上步骤的协商，协商成功的 Agent 组成 Agent 联盟，接受具体的子任务，实现物流实体与物流任务及物流资源之间的自动匹配，共同防范冷链物流系统安全风险，实现了冷链协同物流系统的动

态构建，以提高整体系统的安全性。

5.5 本章小结

本章首先介绍了协同物流任务、物流资源、物流实体及虚拟企业的基本概念，在了解 Agent 通用结构的基础上，建立果蔬冷链物流 MAS 系统结构模型，应用多 Agent 技术研究了果蔬冷链物流中各企业的协作问题，分析了多 Agent 协作机制，从果蔬冷链物流系统安全与效率的角度出发，运用多阶段协商模型，讨论了 Tagent 与 Eagent 之间的交互协商策略，分析了 Eagent 的多边协商过程。该模型具有多 Agent 系统的分布式计算特性，符合果蔬冷链物流系统的在分布性及自治性方面的要求。最后，进行了模拟分析。果蔬冷链系统结构协同优化能有效防范系统安全风险，提高系统安全性。

6 果蔬冷链系统配送中心物流运作优化

对于冷链物流配送这一环节而言，果蔬农产品与其他农产品最大的不同在于注重产品的新鲜性，因此，在果蔬农产品冷链物流配送过程中，尽量缩短配送时间、减少转运环节和强化保鲜措施是非常重要和必要的。而作为以冷链为核心的高端流通平台的配送中心，其运作流程的合理性直接影响到果蔬农产品物流系统的安全性和效率性。本章在分析果蔬农产品配送中心物流运作流程的基础上，针对城市果蔬农产品配送中心运作流程进行基于 Anylogic 的仿真设计，提出改进配送中心运作流程的方案，并进行仿真优化，检验所提方案的适用性与可行性，在仿真结果中找出方案的不足，缩短果蔬配送作业的时间，提高配送效率，达到控制果蔬农产品质量的目的。

6.1 果蔬农产品冷链配送及仿真方法概述

6.1.1 果蔬农产品物流配送特点

果蔬类农产品具有鲜活性、易腐性，从生产的角度来说具有季节性、分散性的特点，从消费的角度来说又是人们的生活必需品，其品质与安全直接影响消费者的健康，消费也具有分散性和普遍性的特点。因此，果蔬农产品加工配送不同于其他产品，与一般产品的物流配送相比，果蔬农产品装卸次数更多，冷藏与运输技术要求更高，具体表现在以下几方面。

1. 品类复杂、供需分散、物流量大

中国是世界第一大果蔬生产国，2012 年蔬菜种植面积达 20353 千公顷，水果种植面积达 12140 千公顷，蔬菜产量 7.09 亿吨，水果产量 2.5 亿吨，上市的果蔬数百种。

2. 物流网络宽广、网点分布众多

由于果蔬农产品生产点与消费者的地点很分散，其运输与装卸需求更为复杂，即使采取了一定的保鲜措施，也会有一定的损耗，为了能在城市交通限制的环境下满足居民的日常需求，更多的配送网点设在了距离用户较近的区域。

3. 物流技术难度大、配送风险较大

果蔬农产品的品质不是肉眼能见的新鲜表现，而是内在生理变化的反映。在物流过程中，需控制温度使果蔬农产品保持低水平的生理活动来延长其生命周期；还要避免长距离运输、频繁搬运与装卸，防止机械性损伤；同时要防止微生物侵蚀污染。因此，对于果蔬农产品的配送，需科学设计配送方式，规范操作流程，满足用户对高品质果蔬农产品的需求，提高企业运作效率。

6.1.2 果蔬农产品冷链配送中心作业流程

果蔬农产品冷链配送中心的作业主要包括：订单处理、进货、装卸搬运、存储、分拣、加工、包装、配装、送货等项目，各作业流程环环相扣，紧密衔接，信息流、资金流与实体流相互结合，体现在整个配送过程中（见图6－1）。配送中心各项作业在以下场所进行。

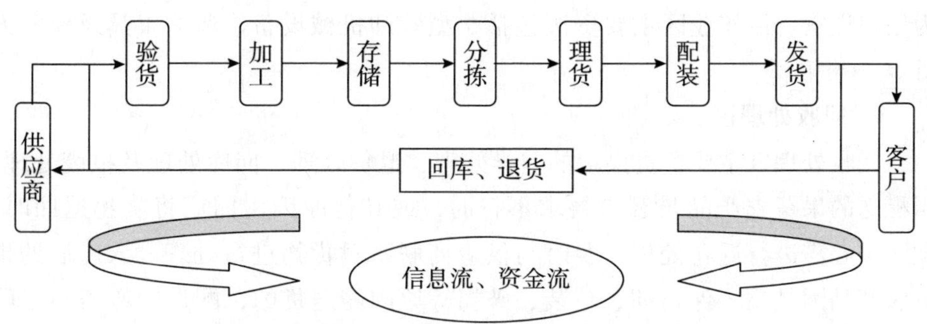

图6－1 果蔬农产品冷链配送中心作业流程

1. 收货区

果蔬配送中心的收货区是收货与验货入库的作业区，在收货区，作业人员主要完成卸货、检验及入库前的准备工作。收货区的作业时间短，工作区域面积相对较小。主要资源有：卸货工具、验货检测设备及作业人员。

2. 加工区

加工区主要负责对收入的果蔬农产品进行加工整理，主要包括：清洗、分拣、包装等作业，加工程度与加工量受客户需求的影响，其目的在于保鲜及配送，有利于物流企业对生鲜果蔬品品质、货源及成本的掌握。加工区域大小与其加工量有关。涉及的资源主要有：清洗分拣设备、包装设备及作业人员。

3. 存储区

验收后的果蔬农产品需按产品的保质期及对温度的不同要求进行冷藏或冷冻存储，以保证其品质安全，一般存储区有冷藏和冷冻专用库，货物需分类按要求储存。存储区作业主要应配备叉车、货架、起重设备及相应作业人员。

4. 分拣理货区

分拣理货区是配送中心根据订单信息对果蔬进行拣选（整箱或拆零），按出货信息（时间、客户地理位置、配货装车要求）进行分拣，对货物进行检查、包装、贴标签等作业。主要资源有货架、手推货车、自动分拣装置、传送设备及相关作业人员等。

5. 配装发货区

配装发货区主要作业有配装和送货。配送中心按客户订单信息选择不同的配送路线与方式，单独配装或混合配装货物，按固定时间点或规定时间段为用户送货。该作业区主要资源包括小型装卸机械设备、运输工具及作业人员等。

6. 回收处理区

回收处理区主要负责果蔬的差异处理、退货处理、回库处理及报废处理。当配送的果蔬农产品与客户要求不符时，或其他原因由门店将货物退回时，配送中心需进行返仓处理，及时与供应商联系对货物进行处理。入库后的果蔬农产品因品质、保持期、包装、破损等原因需退货的，配送中心需与采购部门协商进行退货处理。

6.1.3 Anylogic 系统仿真概述

Anylogic 是一款应用广泛的系统建模和仿真的工具。它支持多主体仿真、离散事件仿真以及系统动力学仿真，广泛应用于控制系统、动态系统、军事、交通、物流等领域。

1. AnyLogic 的基本特点

（1）支持多功能仿真，应用广泛。Anylogic 同时支持基于智能体、系统动力学、离散事件、Petri 网、行人和交通仿真，并且可以以任意组合方式进行混合仿真。

（2）支持 Java 应用，便于二次开发。Anylogic 完全基于 Java 通用平台，建模环境定制于流行的软件开发工具 Eclipse；支持几乎所有 Java 应用，能够利用丰富的 Java 资源；可以导出模型，脱离软件环境在互联网上运行或集成到其他程序中。用户可以通过二次开发，制作自己的用户控件库。

（3）面向对象建模，提供可视化建模元素。Anylogic 提供描述系统中所有对象的可视化建模元素，如 Source，Sink，Delay，Conveyor，Service 等，并提供状态图、行动图、系统动力学、流程建模库、行人库、轨道库等对象建模库，建模元素可以形成交互式的建模环境，在建模过程中任何时刻都可以根据系统要求更改或定义某些单元或单元属性，更改后即可进行仿真运行。

（4）可提供实时可视化的彩色动画显示。可以方便地创建模型，及相关的统计图表、二维及三维动画，并提供模型运行时常用的交互控件，如按钮、滑块、编辑框、单选按钮、复选框等。在系统仿真运行时可实时反映各元素的属性及统计分析情况，便于研究分析与辅助建模。

（5）可提供专业模型调试功能：在模型运行中实时监测事件，进行代码级别跟踪调试；提供例如自动代码补全、弹出相关文档、语法高亮、智能缩进、代码错误更正建议等模型开发辅助功能。

2. Anylogic 的基本模块

（1）基本建模模块：指建模过程中的基本“元素”，例如智能体（agent）、参数（parameter）、变量（variable）、函数（myfunction）和事件（event）等。

（2）分析模块：各种统计数据和图表（条形图、饼状图、时间图、直方图和甘特图等）。

（3）动画模块：二维和三维动画，包括各种基本几何图形、外部图片和三维模型、CAD 图、GIS 地图、视图区域等。

（4）交互模块：按钮、编辑框、单多选、滑块等。

（5）数据模块：Excel、文本、数据库等。

3. Anylogic **的仿真步骤**

系统仿真作为一项应用技术，一般是以其求解问题的过程为出发点及思路，基本步骤如图 6－2 所示。

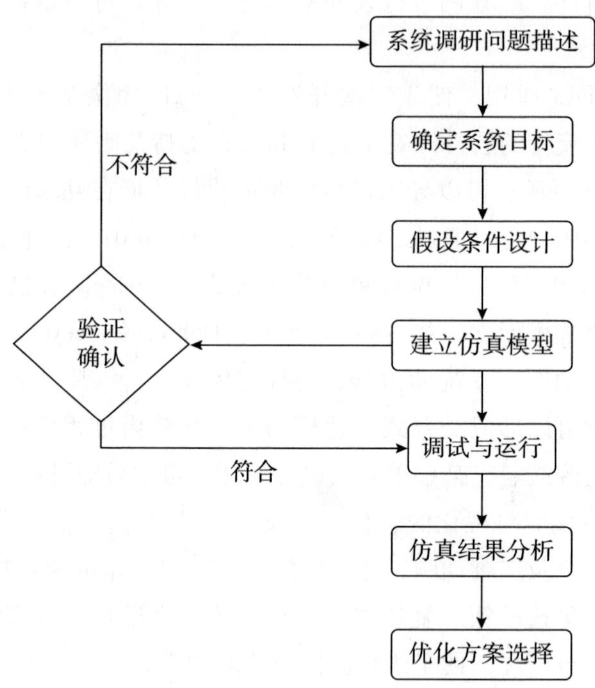

图 6－2　Anylogic 系统仿真步骤结构

（1）系统调研，问题描述。系统仿真是为了解决现实系统中的复杂问题，而并非系统的所有方面全面呈现，因此，在科学研究系统的过程中，首先需要深入、严谨地调查分析现实系统，提出需要解决的问题及实现的目标，然后根据仿真软件的技术特征建立仿真系统的目标，明确其内容。

（2）确定仿真目标，进行数据收集与分析。仿真目标是研究的导向，根据仿真目标要求，尽可能有针对性地收集现实系统完整运行存在的数据，收集与仿真过程中设计的变量有关的数据。根据仿真目标设立仿真系统目标实现的相关指标，如在配送中心进行系统仿真时，可以得出配送中心的设备利用率、商品周转率等的性能测度指标。

（3）描述现行系统，确立模型的假设条件。现行系统与模拟系统存在一定差别，因此在建立仿真模型之前，需将现实系统存在的问题附以各种假设条件，将现实系统进行抽象化、模块化，尽可能理想状态地描述仿真系统，模拟现实系统的作业环节、流程，资源利用情况。根据现实系统的特点选择不同仿真模型。果蔬冷链配送中心运作系统属于离散型系统，我们将应用离散型事件类型的仿真解决相关问题。

（4）建立系统模型，定义系统元素。根据抽象化了的现实系统流程建立仿真模型，Anylogic 具有面向对象的强大功能特征，只需在仿真过程中很少的编程，模型和计算机程序间保持一致性，使程序能真实反映模型。仿真模型涉及的系统元素需进行定义、设计其属性，定义过的系统元素可以不同的图形进行显示。在建模过程中可以进行阶段性的检测，任何时刻都可进行模型的试运行及程序检测。

（5）模型的调试与运行。仿真模型建立后需进行程序的验证，主要检验模型设定的功能与需要实现的功能是否符合，模型调试就是调整与系统设定功能不符的程序与模块，确认模型能反映现实系统，提高模型仿真结果的可信度。在确认模型及系统元素准备无误的情况下，根据果蔬冷链配送中心现实系统操作时间及预定目标设定仿真系统运行时间，然后进行系统运行。

（6）仿真结果分析与优化。设立不同的运行条件，对仿真模型进行多次反复运行，使输出结果接近真实系统运行的状况。将预定目标期内仿真运行结果通过报表、图形等形式显示出来，对运行所得到的多组输出数据进行统计分析，对其差异进行比较，结合系统运行的真实情况及预期目标，对系统进行改善，最终选定最佳方案。

6.2 果蔬冷链配送中心 Anylogic 建模

6.2.1 果蔬冷链配送中心系统描述

长沙 XY 蔬菜配送有限公司成立于 2005 年，是长沙蔬菜配送行业中专业注册的一家专业配送各类企事业单位、学校、酒店、宾馆的蔬菜配送公司。公司设立采购部、财务部、配送部、市场开发部、行政部五个部门，有专业保鲜库 2 个、新型冷冻库 1 个、专业配送车辆 7 台，专业从事配送的人员 30

多人。蔬菜配送调度指挥中心位于长沙市马王堆蔬菜批发市场配送区，长沙市大河西先导区设立蔬菜分拣中心，公司与长沙市郊、浏阳、望城、常德、湘西等多个无公害蔬菜基地建立了良好的供货关系，公司是长沙率先设有采购、储备、检测、配送“一条龙”的经营服务组织及管理机构，所送蔬菜都严格经市场“蔬菜残余农药”超标检测和公司品质检验，保证产品质量稳定和可靠度，验收合格率99%以上。该公司始终坚持以新鲜蔬菜为主的销售业态为核心，发挥在流通领域中的“集成效应”，突出降低蔬菜采购价格和方便客户的原则，赢得了客户的好评。公司实行订单农业，采用定时配送的配送方式，前一天接收订单，第二天进行统一配送。

该配送中心按照国家卫生食品配送行业标准规划了以下作业区域：收货验货区（含果蔬进货、检验入库等具体作业）、流通加工区（果蔬清洗、粗加工、深加工、包装等具体作业）、分拣理货区（果蔬分拣、对货物进行检查、包装、贴标签等具体作业）、存储区（冷藏、冷冻或常温存储）、配装发货区（果蔬配装、送货等具体作业）。不同的作业环节配备了相应的工作人员和设备资源。作业流程如图 6－3 所示。

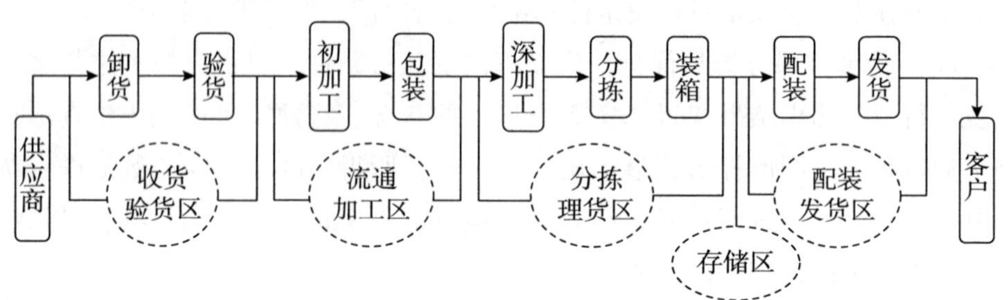

图 6－3　长沙 XY 蔬菜配送中心作业流程

根据相关数据收集分析得知，长沙 XY 蔬菜配送有限公司采用固定时间采购，采购间隔时间间隔服从泊松分布 $possion(10, newRandom())$，每天到达货物为50 箱，每箱 100 千克（0.1 吨）。配送中心对果蔬的配送一般为接受订单后 24 小时内配送，没有按时配送的货物按不同保鲜期 $t(t \geqslant 0)$ 分别存放在冷藏库 $t(3 > t \geqslant 0)$ 或冷冻库 $t(7 \geqslant t \geqslant 3)$。每千克果蔬在不同作业区的处理需要的时间服从均匀分布，收货区为 $uniform\_\ discr(2,5)$，流通加工区为 $uniform\_\ discr(3,5)$，分拣理货区为 $uniform\_\ discr(1,3)$，配装发货区为 $uniform\_\ discr(5,10)$。

6.2.2 假定条件

仿真模型的建立需在一定假设条件下将现实的系统进行抽象化和模拟化，本书根据对长沙 XY 蔬菜配送有限公司作业流程进行调查与研究，设定以下假设条件：

①果蔬到达配送中心的批次固定，且每次批量的果蔬数量固定；

②进货的时间间隔服从泊松分布；

③不同果蔬的保鲜期不同，假设保鲜期均在七天之内；

④仿真元素利用率调整值允许在（-5%，5%）的误差范围内变动。

根据配送中心的作业流程分析以及上述假设条件，本书采用实体流图法将图 6-3 作业流程抽象化，建立配送中心仿真模型，描述配送中心物流实体产生、流动、消失以及加工、处理过程和逻辑关系。

6.2.3 果蔬冷链配送中心 Anylogic 模型设计

1. 仿真目标的确定

以仿真目标为中心创建仿真模型是系统仿真的基本原则，在建模型的过程中，确保能达到仿真目标的前提下，尽可能简化模型，以减少建模工作量。本书主要研究长沙 XY 蔬菜配送中心物流作业系统，对其进行建模与仿真，仿真目标具体有：

①果蔬周转量；

②配送中心各物流区域作业时间；

③配送中心各物流区域人员、设备利用率；

④果蔬送货时间间隔的分布。

2. 建模元素定义

表 6-1 建模元素定义

名称	类型	数量	说明
FruVeg	Agent（实体类型）	1	果蔬农产品
M1	Agent（资源类型）	1	收货验货区资源

续 表

名称	类型	数量	说明
M2	Agent（资源类型）	1	流通加工区资源
M3	Agent（资源类型）	1	分拣理货区资源
M4	Agent（资源类型）	1	配装发货区资源
M5	Agent（资源类型）	1	冷藏库 1
M6	Agent（资源类型）	1	冷藏库 2
M7	Agent（资源类型）	1	冷冻库
C1 – C11	Conveyor	11	传送带
Q1	Queue	1	队列
L1	Labor	4	叉车
L2	Labor	9	手推车
L3	Labor	17	工作人员
selectOutput4	Agent	1	输出选择
timeMeasureStart	Agent	1	开始时间
timeMeasureEnd	Agent	1	结束时间

3. 元素的属性可视化设计

（1）元素 FruVeg 的属性，如图 6 – 4 所示。

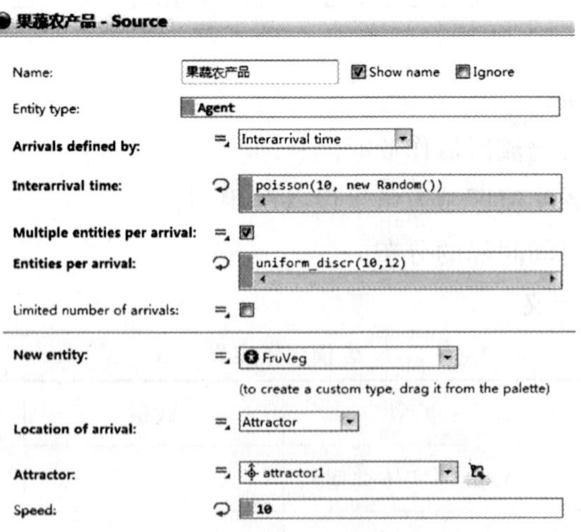

图 6 – 4　元素 FruVeg 的属性设置

（2）元素 M1 – M7 的属性，如图 6 – 5 所示。

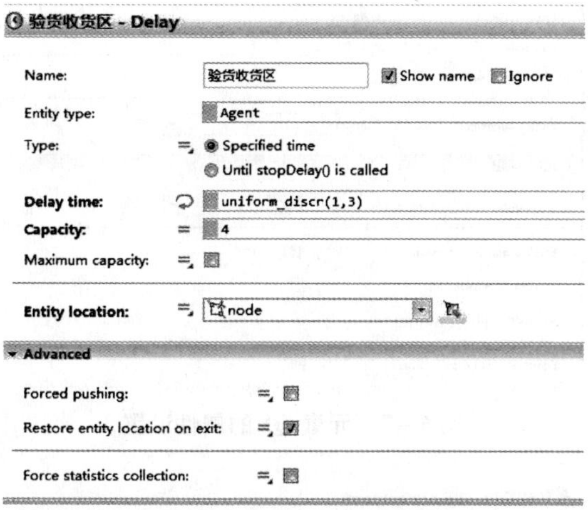

验货收货区 - Delay
Name:
验货收货区
Show name
Ignore
Entity type:
Agent
Type:
Specified time
Until stopDelay() is called
Delay time:
uniform_discr(1,3)
Capacity:
4
Maximum capacity:
Entity location:
node
Advanced
Forced pushing:
Restore entity location on exit:
Force statistics collection:

图 6 – 5　元素 M1 – M7 的属性设置

（3）元素 C1 – C11 的属性，如图 6 – 6 所示。

传送带1 - Conveyor
Name:
传送带1
Show name
Ignore
Entity type:
Agent
Length is:
Specified explicitly
Defined by path
Length:
100
Speed:
10
Accumulating:
Entity location:
path
Advanced
Grab entity from prev.conveyor:
Smoothly, matching speed
Change entity length:
Restore entity location on exit:

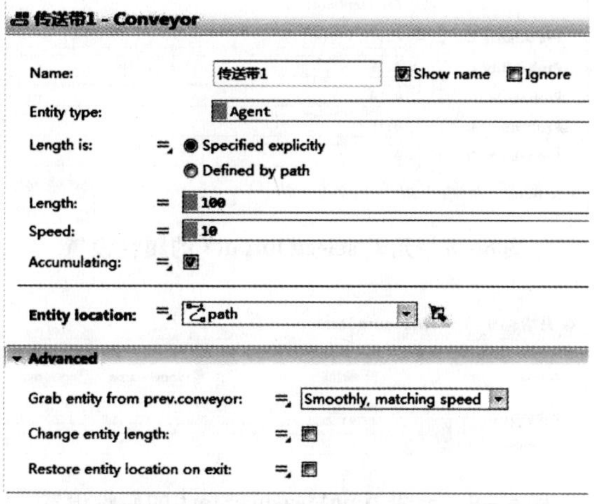

图 6 – 6　元素 C1 – C11 的属性设置

（4）元素 Q1 的属性，如图 6 – 7 所示。

（5）元素 selectOutput4 的属性，如图 6 – 8 所示。

（6）元素 timeMeasureStart、timeMeasureEnd 的属性，如图 6 – 9、图 6 – 10 所示。

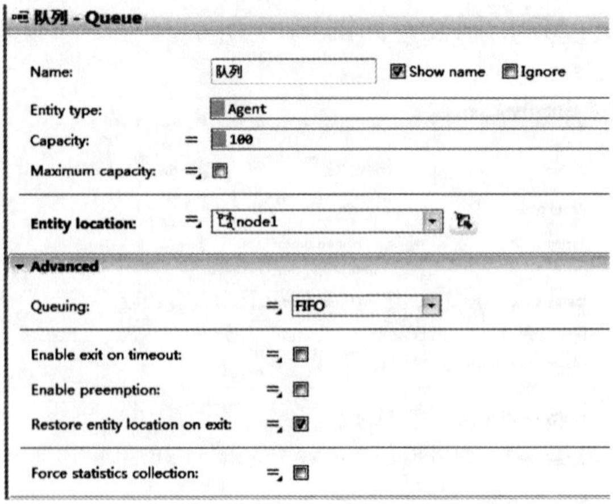

队列 - Queue
Name:
队列
Show name
Ignore
Entity type:
Agent
Capacity:
100
Maximum capacity:
Entity location:
node1
Advanced
Queuing:
FIFO
Enable exit on timeout:
Enable preemption:
Restore entity location on exit:
Force statistics collection:

图 6 – 7　元素 Q1 的属性设置

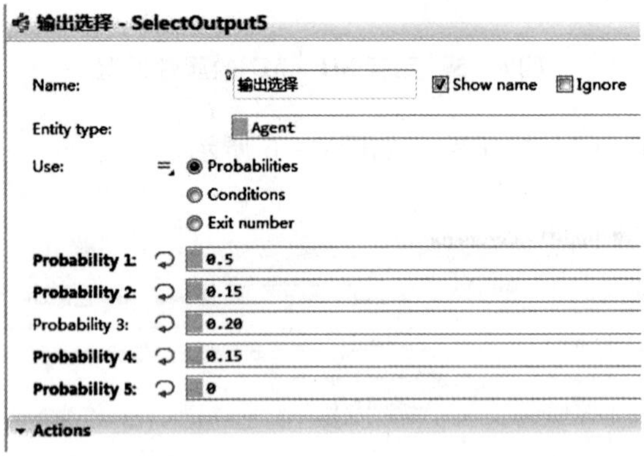

输出选择 - SelectOutput5
Name:
输出选择
Show name
Ignore
Entity type:
Agent
Use:
Probabilities
Conditions
Exit number
Probability 1:
0.5
Probability 2:
0.15
Probability 3:
0.20
Probability 4:
0.15
Probability 5:
0
Actions

图 6 – 8　元素 selectOutput4 的属性设置

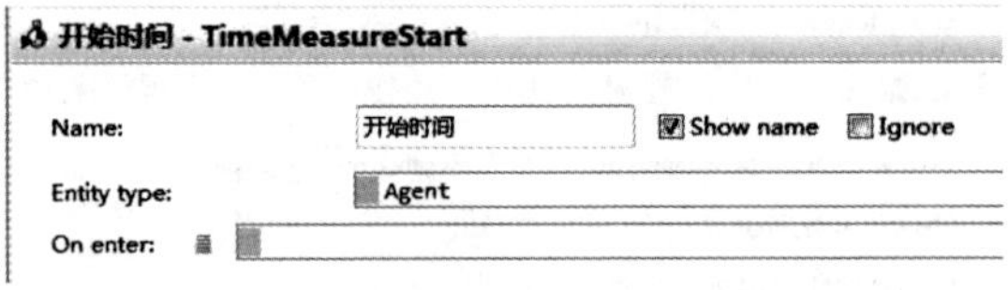

开始时间 - TimeMeasureStart
Name:
开始时间
Show name
Ignore
Entity type:
Agent
On enter:

图 6 – 9　元素 timeMeasureStart 的属性设置

结束时间 - TimeMeasureEnd
Name:
结束时间
Show name
Ignore
Entity type:
Agent
TimeMeasureStart blocks:
开始时间
Dataset capacity:
100

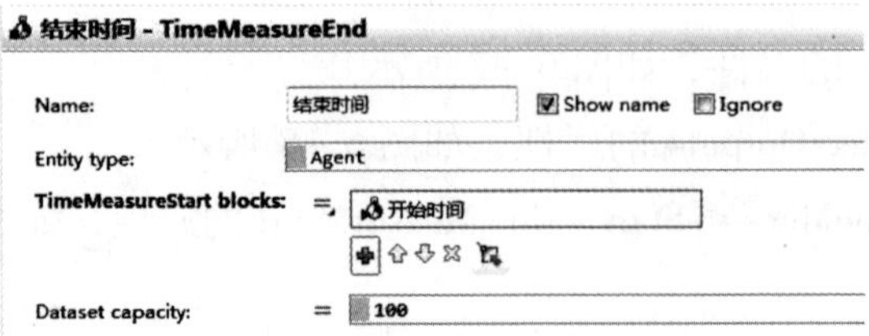

图 6 – 10　元素 timeMeasureEnd 的属性设置

6.2.4 果蔬冷链配送中心仿真模型显示

果蔬冷链配送中心仿真模型如图 6－11 和图 6－12 所示。

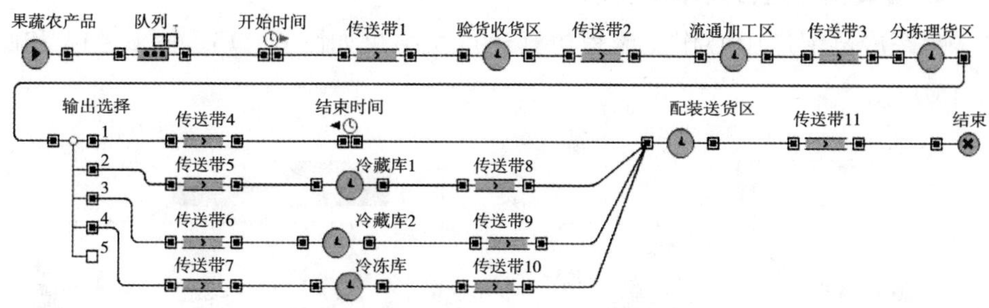

图 6－11 果蔬冷链配送中心仿真模型

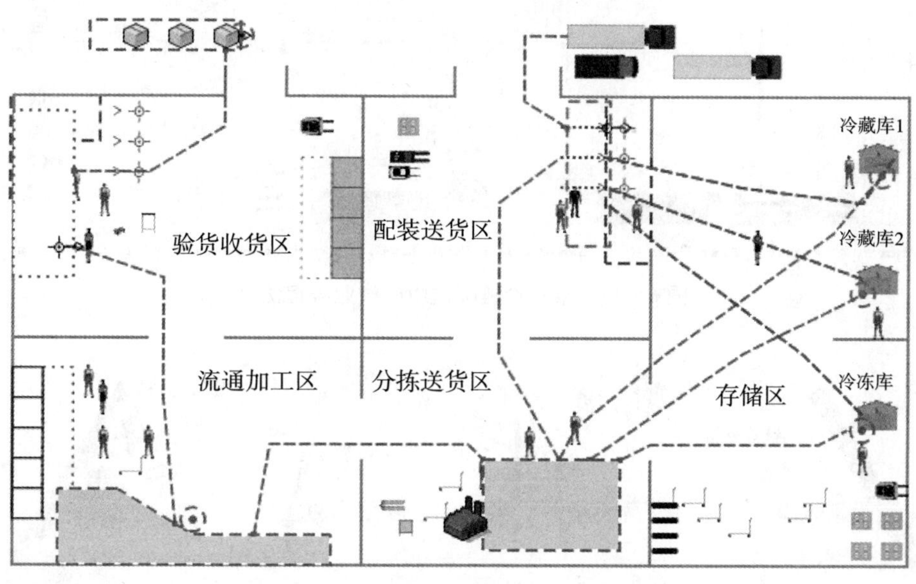

图 6－12 果蔬冷链配送中心仿真模型

6.2.5 果蔬冷链配送中心仿真运行分析

1. 参数设定

系统仿真时间：假定系统默认的时间为 1 分钟，根据每天 8 小时工作时间计算，假定配送中心各个作业环节连续进行，模拟配送中心 1 天的工作状况时，将物流仿真时间设定为 480 时间单位（8 小时 ×60 分钟 =480），模拟配送中心 7 天工作状况时，将时间设定为 3360 时间单位。参数具体设定见附录 3。

2. 仿真模型运行及结果显示

果蔬冷链配送中心作业流程仿真运行及结果如图 6－13、图 6－14 和图 6－15所示。

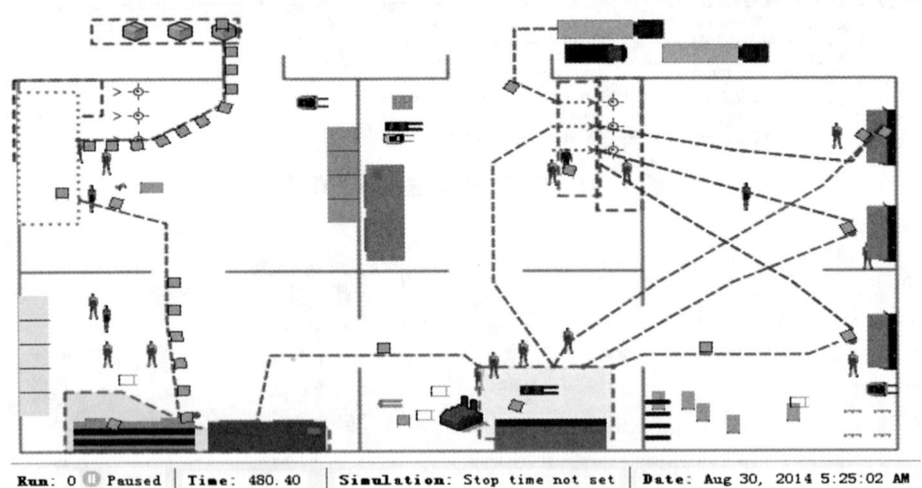

图 6－13　果蔬冷链配送中心作业流程仿真

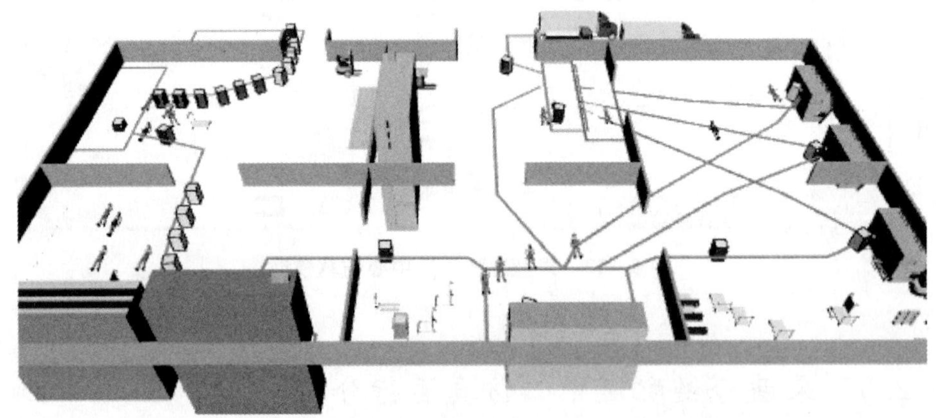

图 6－14　果蔬冷链配送中心作业流程 3D 仿真

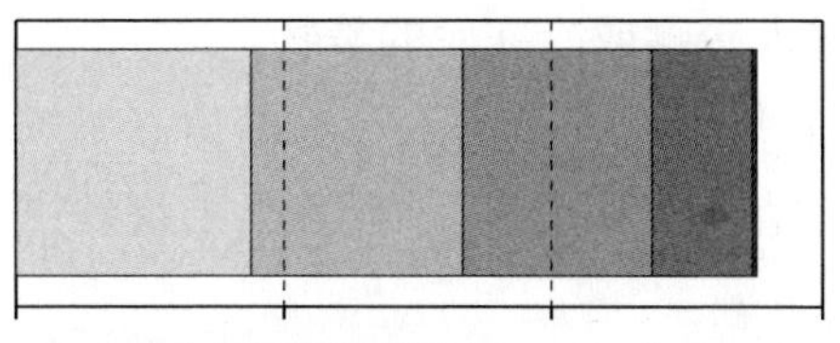

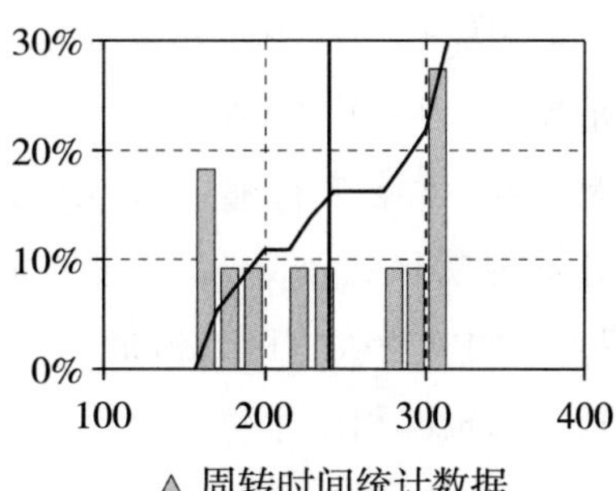

图 6－15　各工作区利用率及货物周转时间统计

3. 仿真结果分析

仿真结果显示（见表 6－2），各传送带即配送中心不同工作区间的运送周转率为 0. 66～1，说明各传送带资源利用率较高，效率较高。

表 6－2　队列及各传送带周转量及工作量统计

名称	输入量	输出量	周转率
*Q*1	66	41	0. 62
*C*1	41	30	0. 73
*C*2	29	24	0. 82
*C*3	23	21	0. 91
*C*4	12	12	1
*C*5	3	3	1
*C*6	3	2	0. 66
*C*7	2	2	1
*C*8	0	0	—
*C*9	0	0	—
*C*10	0	0	—
*C*11	11	11	1

货物从进货点到配装发货处理的时间为 150～300 分钟，表明果蔬农产品的进货验货—流通加工—分拣理货—配装发货，整个工作时间最少需 150 分

钟，最多需300分钟，在此不包括需进入冷藏或冷冻库的货物。

表6-3中输入量、输出量分别代表果蔬农产品进入或输出仿真系统的数量，果蔬周转量为输出量与输入量的比值，根据表6-3计算出果蔬农产品的周转量为16.7%（11/66）。

表6-3中第2行显示各工作区资源的利用率，验货收货区、流通加工区、分拣理货区、配装发货区的资源利用率分别为0.872、0.799、0.714、0.367，表明验货收货区、流通加工区、分拣理货区的资源运行效率较高，配装发货区的资源利用率较低。

表6-3　　各工作区的周转量及资源利用率统计

指标名称	输入量	*M*1	*M*2	*M*3	*M*4	*M*5	*M*6	*M*7	输出量
箱数	66	30	24	21	12	3	2	2	11
利用率	—	0.872	0.799	0.714	0.367	0.011	0.002	0	—

以上分析可知，根据真实果蔬配送中心作业环节建立的仿真模型，运行480分钟显示的结果并未达到预期目标，果蔬农产品进货传送不畅，从Q1到M1处理批量从66到30，发生了阻塞，引起传送效率不高。配送中心配装发货区资源（工作人员、设备设施）利用率较低，果蔬农产品配送中心作业周转量低，周转时间长。针对这些情况，改变仿真系统资源参数的数据设置，重新调整系统运行环境，以提高果蔬配送中心各区域的运行效率及果蔬农产品的周转效率。

4. 仿真结果改进

（1）通过调整原始数据Q1及C1，可解决阻塞情况，通过调整M1～M4的延迟时间可使货物的周转量发生变化。调整参数情况：

Name：Q1

Entity Type：agent

Capacity：5

Name：M1

Delay time：unform_ discr（5，10）

Capacity：5

Name：M2

Delay time：unform_ discr（10，15）

Capacity：5

Name：M3

Delay time：unform_ discr（10，15）

Capacity：5

Name：M4

Delay time：unform_ discr（10，15）

Capacity：5

调整后仿真结果如图 6－16 所示。

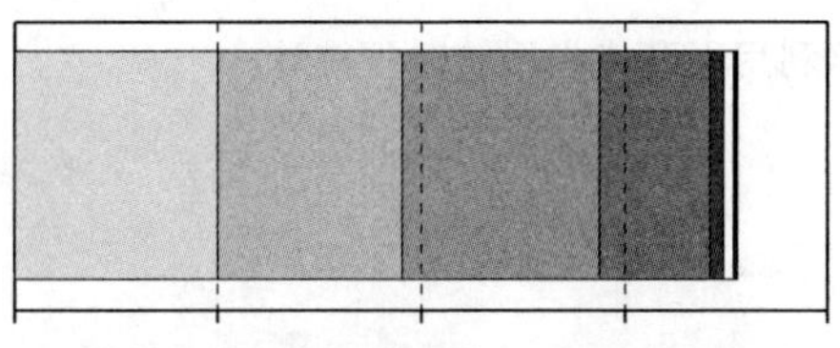

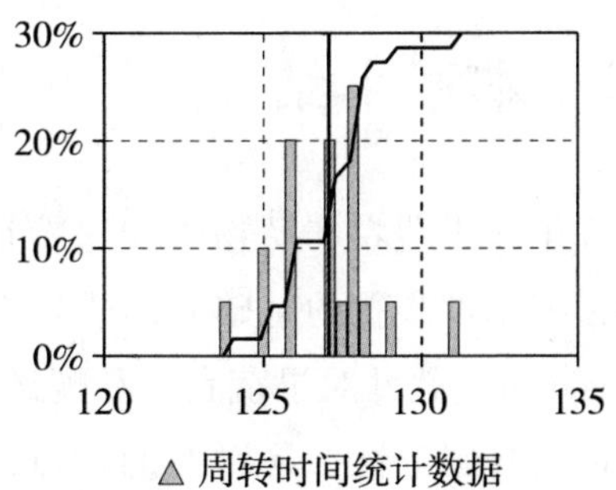

图 6－16　调整后各工作区利用率及货物周转时间统计

表 6－4　　　调整后各工作区的周转量及资源利用率统计

指标名称	输入量	*M*1	*M*2	*M*3	*M*4	*M*5	*M*6	*M*7	输出量
箱数	86	83	79	75	52	11	10	7	47
利用率	—	0. 497	0. 461	0. 502	0. 261	0. 033	0. 022	0. 005	—

调整后结果显示周转量为 0. 55（47/86），周转时间为 124～130 分钟，结果表明延迟时间降低可加速货物的周转，能减少货物周转时间。

（2）改变果蔬农产品的进货方式，假设其进货服从指数分布 Inter Arrival type：exponential（10），Entities per arrival：unform_ discr（1，2），在其他参数不变的情况下，各工作区域的资源利用率提高到 0. 938、0. 91、0. 415、0. 26，但货物的周转时间加长了，据图 6－17 所示周转时间为 90～110 分钟。果蔬农产品周转量为 0. 34（99/289），比改变前周转量有所提高。

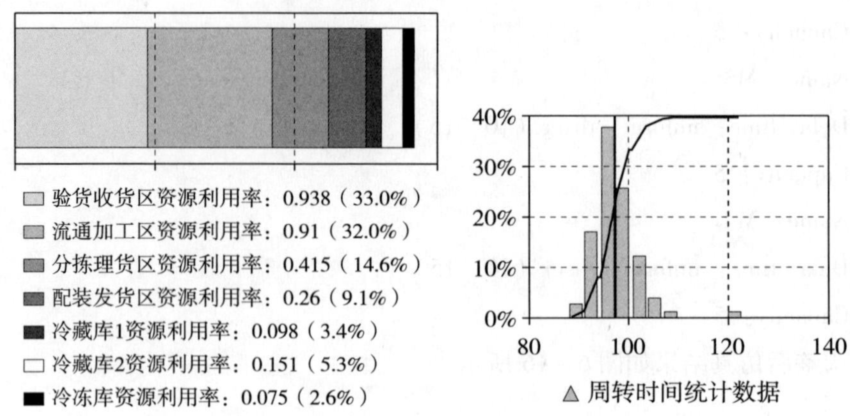

图 6－17　调整后各工作区利用率及货物周转时间统计

6.3　本章小结

在了解果蔬农产品物流配送特征、配送中心作业流程及 Anylogic 系统仿真建模的基本步骤的基础上，结合长沙市 XY 蔬菜配送有限公司的案例，应用 Anylogic 仿真软件对果蔬农产品配送中心作业流程进行建模与仿真。根据果蔬农产品自身鲜活性、易腐性的特点，要求系统仿真目标定位于缩短果蔬配送作业的时间，提高配送效率，达到控制果蔬农产品质量的目的。根据仿真目标定义元素、进行属性设置，并建立流程图仿真模型，设置系统运行的时间参数，运行模型后，根据输出的仿真结果分析配送中心各作业区域、传送带的作业时间、资源利用效率及货物的周转率等，通过调整其原始输入数据及相关元素的参数，使运行结果趋向于仿真目标，调整后的方案优于原方案。物流流程运作的优化能有效提高系统安全性，降低因时间、操作、资源利用等因素造成系统安全风险的问题。

7 果蔬冷链系统库存控制优化

具有易腐变质、库存周期短的果蔬农产品，从生产到消费过程中需用冷藏链来保持其高品质，避免食品安全风险。食品冷链库存管理与普通库存管理的区别在于一是冷链库存运营成本高；二是冷藏过程能使产品增值，可延长产品的保质期。冷链系统库存控制中库存管理策略的选择尤其重要，不当的库存管理策略极易造成果蔬农产品质量安全与巨大的浪费。传统库存管理注重各环节库存的管理，各环节库存投入成本与相应储存费用大，需求信息的时滞或扭曲。现代库存理论将库存管理扩大到整个供应链，库存控制存在于供应链各实体内部以及他们之间的信息流、资金流以及物流的交互关系之中。

供应商库存管理（Vendor Management Inventory，VMI）模式是现代供应链库存管理模式的一种。本研究认为 VMI 库存管理模式强调供应商与供应链各方共同协商，共同制订库存计划，以双方获得最低成本为目的，是一种共赢联盟的关系形态，也是一种风险分担的库存管理技术。易腐食品冷链物流系统中应用 VMI 库存管理技术有助于提高冷链运作效率、保障易腐食品安全、降低冷链运作成本。

7.1 果蔬农产品冷链系统库存管理模式

7.1.1 传统库存管理模式

在果蔬农产品流通过程中，一般的库存管理是由供应商、批发商、配送中心、零售商等各节点企业各自完成，物流渠道中的每一部门和环节都有各自管理自有的库存，均有其库存控制策略，相互信息封闭。这种传统的库存模式是一种基于交易层次上的，由订单驱动的静态的单级管理库存的模式。

7.1.2 供应链库存管理模式

果蔬农产品品种繁多，客户需求也日益个性化，加上产品的生命周期短，流通中库存要求也呈现复杂的特性。随着市场一体化的环境发展，市场竞争加剧，供应链上企业合作要求日趋明显。供应商库存管理（Vendor Management Inventory，VMI）与联合库存管理（Joint Managed Inventory，JMI）模式应用于果蔬农产品供应链的库存管理。

在供应商库存管理模式下，果蔬供应商不再是被动根据下游企业的订单发货和补货，而是从整体上来掌握下游企业的需求，合理安排发货，在满足下游企业需求的前提下，调整自己的库存策略与补货策略，从而保证果蔬农产品的正常供货，实现货物新鲜品质保障及低成本运作。

联合库存模式是在供应商库存模式的基础上发展而来的，强调供应链上下游企业之间互利合作关系。果蔬农产品供应链的各环节企业为解决独立库存带来的风险和成本的问题，相互合作，共同制订果蔬农产品库存计划，各节点企业均成为库存管理者，通过协调保持对果蔬农产品需求的预期一致性，任何节点的需求均为双方协调的结果，库存成为供应连接的协调中心与纽带，提高了供应链的同步化程度。

7.2 系统动力学及 SD 模型构建步骤

系统动力学（System Dynamics，SD）用于分析生产管理及库存管理等企业问题的一种系统仿真方法，现已发展成为一类解决复杂社会经济动态问题的系统仿真技术。

果蔬农产品供应链库存管理呈现复杂、动态的特征。系统动力学为解决动态的复杂问题提供了可行的理论与方法。对于应用系统动力学分析供应链库存管理的问题国内外学者进行了一些研究。Towill（1997）应用系统动力学研究了需求在供应链的变化，研究结果表明，需求信息通过供应链从制造商到分销商将放大 8 倍。Barlas（1997）等研究不同库存策略的管理理论，建立了一个订单与生产策略的供应链系统动力学模型，提出了针对部分连续部分离散系统的订货策略。陈文佳等（2008）研究了配送中心与三店铺的配送系统，进行了系统动力学仿真，建立了配送中心库存模型。于洪洋等（2009）应用 SD 分析两级供应链系统中产品单价与订货成本的关系，以及两者之间的变化对供应链库存的影响。刘声亮等（2011）运用系统动力学方法研究零售店库存优化问题，通过对零售店配送与库存系统的模拟仿真，认为基于系统动力学的方法能够较好地解决零售店配送物流系统中有关库存的问题。周亚蓉（2012）以某啤酒市场为例，采用系统动力学仿真研究了企业库存控制影响因素，结论表明准确预测市场销售量以及稳定的库存调整时间对于库存控制都有比较大的影响。王兆威等（2013）结合军事领域，采用联合库存管理的库存管理模式，以系统动力学为工具，建立了基于联合库存管理策略的供应链动态仿真优化模型。

目前虽然国内外研究已渐成熟，但仍存在数据不足、参数难以量化等实践应用方面的问题。在以上分析的基础上，本研究应用系统动力学的原理及技术，结合 VMI 库存管理理论，构建果蔬农产品冷链物流系统中供应商—配送中心—零售商 VMI 系统动力学模型，并进行仿真动态分析，以解决在供应商库存模式下如何选择最佳冷链物流库存策略的问题，以达到满足消费者需求，又降低果蔬农产品浪费的目的。

利用 SD 研究系统是在确定系统的状态变量的基础上进行的，首先明确建模的目的，确定系统的结构与边界；然后对系统及各组成部分进行因果分析，构建系统因果反馈环，建立系统流程图与构造方程式，利用相关变量及函数描述系统的变化，并借助“Vensim”进行 SD 仿真模拟，最后针对仿真结果进行分析，修正后进行仿真测试，以得到理想的结果。

7.3 基于 VMI 两级供应链库存控制 SD 模型的建立

7.3.1 系统建模目的与模型结构

本书以两层次供应链（配送中心、零售商）为研究对象，建立果蔬农产品物流系统 VMI 库存模型，系统边界从供应商开始，经配送中心再到零售商，流程的最上端应是果蔬农产品的生产商，本书不考虑生产商如何安排生产、补货等过程；流程最下端应是零售商将产品销售给最终消费者。要求配送中心、零售商仓库根据库存量的变化订货，在满足市场需求的前提下，尽量减少库存量。

建模的目的是探讨果蔬农产品物流系统 VMI 库存模式的动态性，研究两级供应链中配送中心、零售商对随机需求的牛鞭效应、库存响应情况，研究不同订货延迟时间、不同期望库存情形下配送中心、零售商订货及库存量的变化。

果蔬农产品冷链系统的 VMI 运作流程如下图所示：一方面，供应商监视配送中心的库存水平，策略性地向配送中心增加或减少供给；另一方面，供应商与配送中心根据 POS 系统、EDI/Internet 等信息系统获取零售商提供的销售量、库存余量信息，制定补库策略（安全库存量、配送提前期、客户服务水平等），并根据自身实际库存量，确定正式订单，按约定将产品配送至不同的零售商。供应商、配送中心与零售商一起共同关注终端客户需求，根据实时的销售信息以及零售商、配送中心的实际库存水平主动统筹补货，以缓解供应链上的牛鞭效应，降低供应链上整体的库存水平。其运作流程如图 7－1 所示。

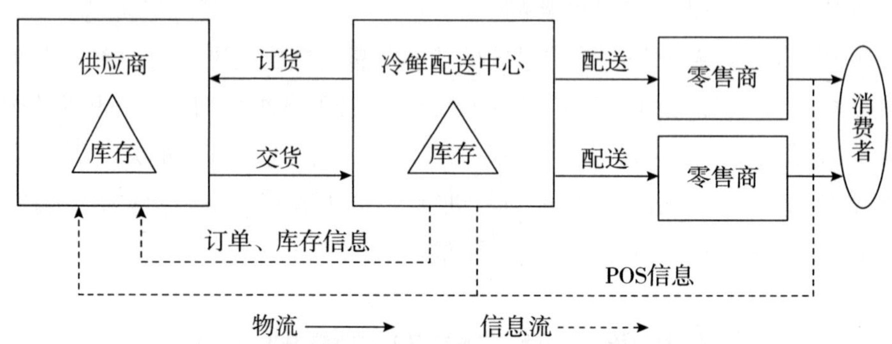

图 7－1　果蔬农产品冷链系统 VMI 运作流程

7.3.2　要素及其因果关系分析

在 SD 模型中，系统各要素之间的关系称为因果关系，系统的行为与功能由要素的相互作用而形成。根据以冷鲜配送中心为核心的 VMI 两级供应链系统的边界，确定系统所涉及的因素，具体包括：冷库配送中心订单量、订货量、库存量、发货量、库存调节率、调节周期、期望库存量、库存可供天数、发货延迟时间；零售商库存量、库存调节率、库存调节周期、期望库存值、零售商品销售；供应商发货延迟时间。综合分析各因素之间的相互影响，得到果蔬农产品配送中心—零售商 VMI 库存系统因果关系图（见图 7－2）。

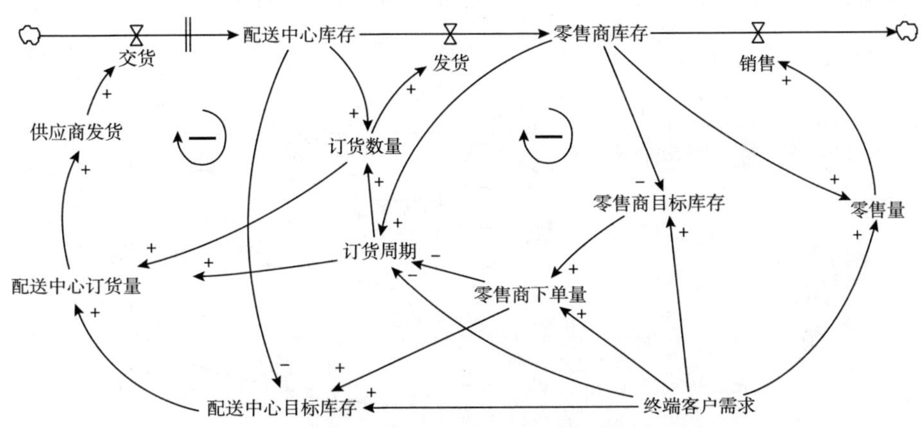

图 7－2 DR－VMI 系统动力学因果关系环路

图中带箭头的线段就是表明两要素之间的因果关系的因果链。线段上的正负符号体现了变量之间相互影响的性质：表示正相关关系用"＋"号；表示负相关关系用"－"号。在供应商供货（Supplier delivery）与配送中心库存（Distribution center storage）之间的链上加了时间滞延符号，表明此处发生了物流延迟。因果链自行相连成环，则构成反馈环。反馈环的负因果链为奇数则反馈环为负，负因果链个数为偶数则反馈环为正。可以看出配送中心—零售商库存系统动力学因果关系环路图中主要包括两个负反馈环路，一是配送中心库存控制环路；二是零售商库存控制环路。相对于传统的库存控制模式而言，该模式增加了供应链的协调机制，图中终端客户需求（End customer demand）和零售商库存（Retailer inventory）对补货数量（Replenishment quantity）和补货周期（Replenishment cycle）的影响就体现了这种协调机制。

在 VMI 模式下，零售商依据终端客户需求观测目标库存与安全库存维持周期，结合现有库存水平确定向配送中心的订单量。应用 VMI 模式主要体现配送中心与零售商之间达成库存控制协议，配送中心与供应商共享自己的销售信息与库存信息，配送中心可根据零售商现有的库存信息、销售信息以及零售商的库存计划等调节配送中心对零售商的发货量。

7.3.3 系统动力学流程图分析

图 7－2 描述了要素间的反馈结构，但不能反映变量的区别，现构建关系流程图，分析配送中心与零售商库存关系，如图 7－3 所示。

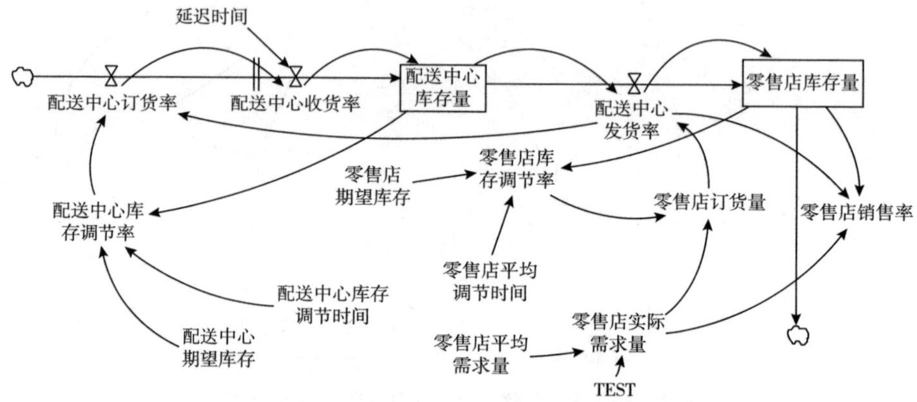

图 7－3 VMI 模式下配送中心与零售商库存关系流程

从以上流程图分析可知，这里存在两个流程，以上两流程的功能实现依赖于零售商与配送中心的 VMI 库存协议，VMI 库存协议使零售商与配送中心可以共享销售及库存信息，配送中心以此确定向零售商补货以及自身补货策略，使最终消费者、零售商与配送中心之间的需求放大得到一定的缓解，同时使配送中心、零售商及供应链整体库存得到降低。

7.4 实例分析

7.4.1 相关变量赋值

以长沙某果蔬配送中心的实际经营情况为例，将冷藏系统进出的货物定为苹果，选取某一大型种植基地为系统动力学模型中的供应商，A 店铺为位于物流公司（配送中心）业务辐射范围内的某零售商。假定系统仿真时间为 30 天，模拟结果每天储存一次。冷鲜配送中心经营数据如表 7－1 所示。

表 7－1　　　　　　模型相关变量及其赋值

变量名	变量值	单位
配送中心初始库存量	200	kg
配送中心期望库存	560	kg
配送中心库存调节时间	3	d
供应商给配送中心交货的延迟时间	2	d
A 店铺初始库存量	52	kg
A 店铺库存调节时间	1	d
A 店铺期望库存	100	kg
A 店铺平均需求	380	kg

7.4.2　系统动力学方程

根据冷鲜物流配送中心及店铺的相关数据资料，利用 Vensim 提供的公式编辑器建立库存系统模拟模型，具体系统动力学方程如下：

（1） FINAL TIME＝30

Units：天

模拟的最后时间

（2） INITIAL TIME＝0

Units：天

模拟的初始时间

（3） SAVEPER＝TIME STEP

Units：天［0,?］

输出存储频率

（4） TEST＝RANDOM NORMAL（10，30 ，15，5 ，5）

Units：＊ ＊undefined＊ ＊

（5） TIME STEP＝1

Units：天［0,?］

模拟的时间步长

（6） 延迟时间＝2

Units：Day

（7）配送中心发货率 = MIN（配送中心库存量，零售店订货量）

Units：Dmnl

（8）配送中心库存调节时间 = 3

Units：Day [0，7]

（9）配送中心库存调节率 =（中心期望库存 - 中心库存量）/中心库存调节时间

Units：Dmnl

（10）配送中心库存量 = INTEG [（配送中心收货率 - 配送中心发货率），200]

Units：件

（11）配送中心收货率 = DELAY FIXED（配送中心订货率，延迟时间，0）

Units：Dmnl

（12）配送中心期望库存 = 560

Units：件 [0，2000]

（13）配送中心订货率 = PULSE TRAIN（0，0，3，30）*（3 * 配送中心发货率 + 配送中心库存调节率）

Units：Dmnl

（14）零售店实际需求量 = 零售店平均需求量 + TEST

Units：件

（15）零售店平均需求量 = 380

Units：件

（16）零售店库存调节时间 = 1

Units：Day

（17）零售店库存调节率 =（店期望库存 - 店库存量）/店库存调节时间

Units：Dmnl

（18）零售店库存量 = INTEG（配送中心发货率 - 零售店销售率，52）

Units：件

（19）零售店期望库存 = 100

Units：件 [0，600]

（20）零售店订货量 = 零售店库存调节率 + 零售店实际需求量

Units：件

（21）零售店销售率 = MIN（配送中心发货率 + 零售店库存量，零售店实际需求量）

Units：Dmnl

7.4.3　模型仿真与模拟结果分析

以上参数模拟运行结果如图 7－4 所示。

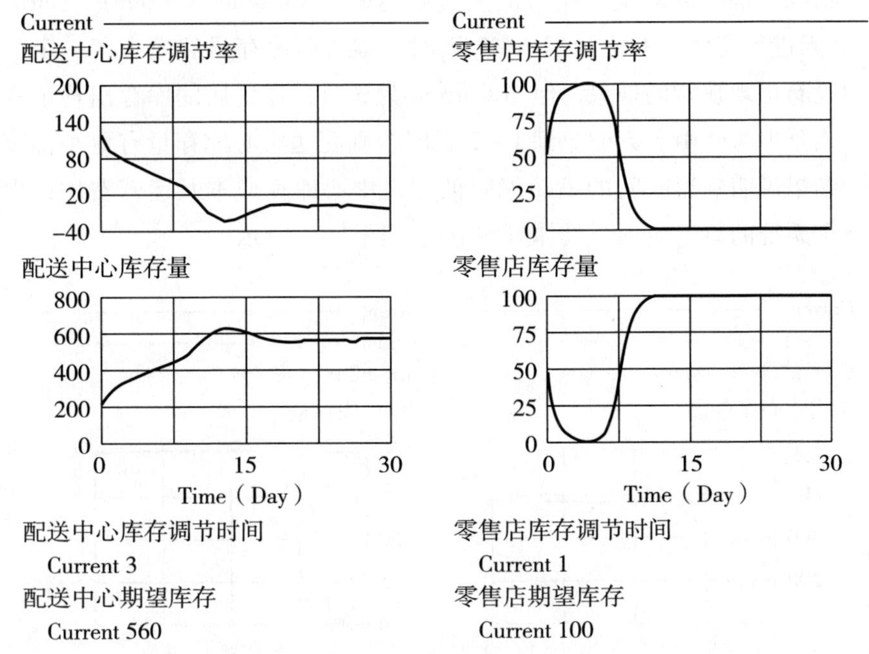

图 7－4　配送中心、零售店库存量与库存调节率模拟运行结果

（1）从运行结果可以看到，配送中心与零售店的库存调节率有一定变化，但总的趋势是向零靠近，零售店的调节幅度稍大，但最终接近于零，这说明配送中心与零售店库存量较为稳定。

（2）从配送中心与零售店的库存量变化来看，两者都在期望库存值上下波动，相对较为稳定。零售店的库存近 100kg，相对于销售量为 380kg 而言是库存较低的水平。另配送中心与零售店库存量都大于零，表明库存量能满足实际需求，都不存在缺货，而且零售店有实现零库存的可能性。

（3）从模拟运行结果看，配送中心订货率与发货率在 400kg 上下波动，变化范围不是很大，从零售店的销售率与实际需求量分析看，基本在 400kg 左右波动，配送中心为零售店配送量与需求量基本保持平衡，说明系统还是较为稳定。

7.4.4 参数变化对系统的影响分析

（1）配送中心订货延迟时间变化对库存量的影响分析：在其他参数条件不变的情况，供应商对配送中心的发货延迟时间 Current、Current1、Current2 从 1 ~3 天进行变化，发货延迟 1 ~2 天时，零售店库存虽然发生了一定的波动，但没有出现缺货的现象，但当 Current 为 3 时，零售店的库存出现了缺货现象。当延迟时间由 3 天缩短到 1 ~2 天时，则配送中心库存量有更小幅度的波动，结果说明延迟时间的缩短能降低配送中心库存成本及运营费用，也能提高整个系统的运营效率。具体影响分析如图 7 –5 所示。

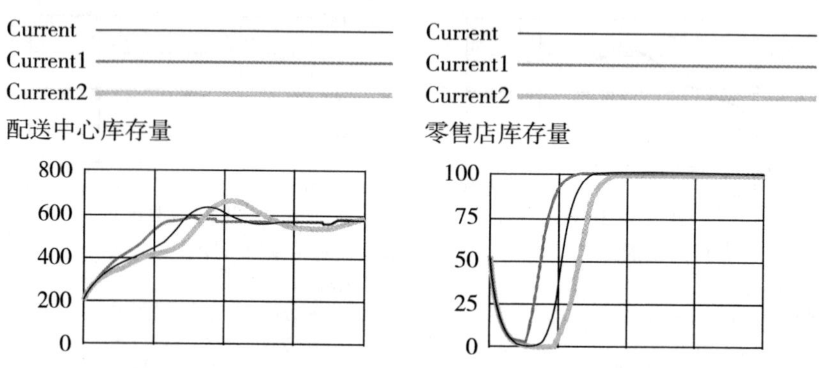

图 7 –5 配送中心订货延迟时间变化对库存量的影响

（2）期望库存变化对系统的影响分析：图 7 – 6 中 Current、Current1、Current2 分别为配送中心期望库存为 200kg、560kg、400kg 时库存量曲线，从模拟图可以看出，配送中心期望库存对配送中心与零售店都有影响，特别对零售店库存量的影响，当期望库存为 200kg、400kg 时，零售店库存量第 4 天起库存最小化，不能达到零售店的期望库存量，在销售一定的情况下会出现缺货的现象。同理，通过对零售店期望库存进行调整模拟，发现零售店期望库存变化对配送中心库存影响很小，而对零售店库存存在直接影响，当零售期望库存在50kg以下时，可以看到零售店出现缺货现象。因此，对于零售店而言，可以调整合理的期望库存使零售店库存调整至最低但不会出现缺货。

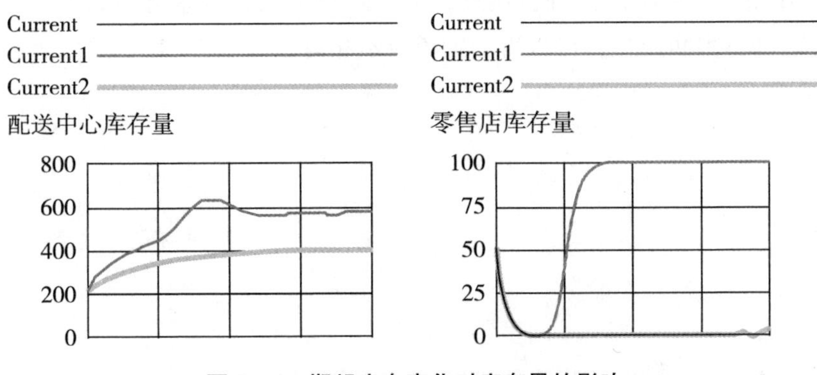

图7-6 期望库存变化对库存量的影响

7.5 本章小结

在VMI供应链库存管理的模式下，应用系统动力学方法，分析果蔬农产品冷链配送系统中各环节的动态行为及其结果，案例仿真模拟分析结果表明以下几点。①合理选择配送中心的订货延迟时间可以有效降低库存量与库存成本，提高整个系统的运作效率。在VMI环境下，配送中心应与供应商与零售商信息共享，积极沟通与协调，并根据自身条件合理缩短供货延迟时间。②合适的期望库存量可以优化库存管理。在VMI供应链库存管理系统中，配送中心的期望库存对配送中心和零售商的库存量均有不同程度的影响，期望库存不当有可能造成零售商缺货的状况。零售商的期望库存对零售商库存管理造成直接影响，但对配送中心库存量影响不大。因此，适当的期望库存能满足库存量减少但不至于缺货的情况，从而降低库存成本提高经济效益与系统安全。③VMI库存模式削弱了牛鞭效应带来的信息失真。VMI模式强调的是供应链上下游企业库存统一管理与控制。信息共享是供应链系统高效运行的前提，在VMI条件下，配送中心与上下游企业之间的信息沟通与共享的程度影响各环节货物需求的响应能力，影响物流配送系统的整体竞争力，影响系统的安全可靠性。

在本书的研究中，主要以销售商库存量尽量小但不存在缺货为库存控制目标，而实际运作中应从总物流成本最低的角度来考虑，一定范围内的缺货可能会使仓库保管成本或运输成本降低，从而降低总的物流成本。我们可另建立 VMI 条件下成本因素分析模型，加上缺货造成的成本分析，通过系统动力学方法进行多次模拟，可以得到物流成本相对较低的方案。

8 结论与展望

8.1 结论

本书的主要研究工作及其相应研究结论如下：

1. 果蔬农产品冷链发展现状及安全风险识别

果蔬农产品是人们日常消费的必需食品，果蔬产业在农业产业结构中占有举足轻重的地位，中国是世界上果蔬农产品生产和消费的第一大国，近几年来，果蔬农产品的产量与人均消费量在稳步增长，但果蔬农产品供应链的各环节还存在很多的问题。

我国果蔬农产品冷链安全风险主要体现在种植、冷藏运输、配送加工、冷库贮藏和销售等环节的环境风险，设备和技术风险，人为风险和组织风险。

2. 果蔬农产品冷链系统安全评估

应用层次分析法和模糊综合评价方法建立安全风险评估模型，以实际调研的资料为依据，针对果蔬冷链种植、运输、配送加工、储藏与销售各环节进行安全风险评价，评价各环节的安全风险水平，分析各种风险因素的影响程度。评估结果表明：

（1）果蔬种植环节安全风险情况为中等。果蔬种植环节风险主要来自种植标准化程度、员工安全生产素质、自然灾害等因素。

（2）果蔬冷藏运输环节位于较高风险等级。果蔬冷藏运输环节运输工具故障、冷藏保温设备故障、消毒设备故障、员工安全意识等因素风险较高。

（3）果蔬冷链配送加工环节位于较高风险等级。果蔬冷链配送加工环节中政府监管力度、加工车间合格率、员工的安全意识、污物处理合理性、农药残留检测情况、管理人员的素质、消毒执行情况等属于高风险因素。

（4）果蔬冷库储藏环节位于中等风险等级。果蔬冷库储藏环节制冷控温冷冻设备故障、冷库卫生达标情况、员工安全意识、管理人员素质、消毒计划执行情况、品质检测技术等因素风险较高。

（5）果蔬冷柜销售环节位于较高风险等级。果蔬冷柜销售环节政府监控力度、冷藏冷冻设备故障、消毒设备故障、商品检测技术、员工安全意识、入场检测情况、全程控制跟踪情况、管理人员素质均为高风险因素。

GO－FLOW 法对果蔬物流系统进行量化分析与安全评价有其独特的优越性，本书通过对山东栖霞至长沙市毛家桥的苹果流通环节进行调查分析，结果表明：影响苹果物流系统可靠性的因素很多，运输、配送及冷藏是影响系统可靠度的重要环节，时间与损耗率对系统的安全可靠度产生很大影响，在苹果等果蔬农产品冷链物流系统实际运作过程中控制重点在于：监管损耗率、事故率较高的系统单元；尽量压缩相关环节的作业时间，如冷藏、运输、柜台销售等；建立多种可选择的物流渠道以备系统进行风险应急选择。

3. 果蔬冷链物流 ISM 系统结构

本书研究了果蔬冷链物流系统的结构要素，运用解释结构模型技术建立了系统结构模型，并对所研究的系统边界进行了界定。

系统结构模型直观地表示出了果蔬冷链物流系统的结构要素、各要素间的流动过程以及系统的分级状况。结果表明：影响果蔬冷链物流系统的主要要素可分为 8 级 3 类，系统的关键单元在于起源点生产者、最终点消费者以及中间各流通环节。

4. 果蔬冷链物流系统的结构协同优化

果蔬冷链物流系统是一种典型的分布式系统。冷链物流包括多个复杂的流通环节，当前各物流单元通常各行其是，很难实现对各环节实施全程质量安全的监控与整体效率的提高。本书基于果蔬冷链物流系统与多 Agent 系统的共性，引入 Multi－Agent 技术对果蔬冷链物流系统进行协同优化研究。

首先介绍了协同物流任务、物流资源、物流实体及虚拟企业的基本概念，在了解 Agent 通用结构的基础上，建立果蔬冷链物流 MAS 系统结构模型。其次，应用多 Agent 技术研究了果蔬冷链物流中各企业的协作问题，分析了多 Agent 协作机制，从果蔬冷链物流系统安全与效率的角度出发，运用多阶段协商模型，讨论了 Tagent 与 Eagent 之间的交互协商策略，分析了 Eagent 的多边协商过程。该模型具有多 Agent 系统的分布式计算特性，符合果蔬冷链物流系统的在分布性及自治性方面的要求。最后，进行了模拟分析。物流系统中各功能环节可由单个 Agent 或 Agent 群来实现，以达到进一步提高果蔬冷链农产品时效性的目的，为其质量提供保障。

5. 果蔬冷链配送中心物流运作优化

果蔬配送中心物流作业环节复杂，作业效能不高是影响果蔬农产品质量安全与整个供应链成本的重要因素，构建符合果蔬配送中心的物流需求模型能提高配送中心运作的效能。在了解果蔬农产品物流配送特征、配送中心作业流程及 Anylogic 系统仿真建模的基本步骤的基础上，本书结合长沙市 XY 蔬菜配送有限公司的案例，应用 Anylogic 仿真软件对果蔬农产品配送中心作业流程进行建模与仿真。仿真结果表明：

（1）进货方式影响果蔬农产品配送中心的资源利用率及货物的周转量及周转时间；当进货量服从泊松分布改为指数分布时，配送中心的资源利用率提高，货物的周转量增多，但周转时间偏长。

（2）进货队列及传送带数据影响进货工作区域的顺畅程度，减少队列数量，缩短传送带长度可解决进货阻塞情况。

（3）配送中心各区域工作的延迟时间缩短可加速货物的周转，周转量相应增大。

根据果蔬农产品自身鲜活性、易腐性的特点，将系统仿真目标定位于缩短果蔬配送作业的时间，提高配送效率，以达到控制果蔬农产品质量的目的。根据仿真目标定义元素、进行属性设置，并建立流程图仿真模型，设置系统运行的时间参数，经过多次仿真运行，可使果蔬配送中心的各传送带及作业区域的资源利用效率、作业时间及货物的周转率等指标得到优化。

6. 果蔬冷链系统库存控制优化

具有易腐变质、库存周期短等特征的果蔬农产品，从生产到消费的过程中需应用冷藏链来保持其高品质，冷藏链中库存策略的选择尤其重要，不当的库存策略极易造成巨大的浪费或市场的供不应求。本书利用系统动力学（System Dynamics，SD）的建模思想，根据果蔬农产品订货配送特点，建立果蔬配送中心与零售店库存系统的因果回路图和系统流图，并对其进行分析，构建库存控制系统动力学模型。通过对模型进行模拟仿真分析，并从订货延迟时间、期望库存等方面进行多次优化模拟运算。运算结果表明：合理选择配送中心的订货延迟时间可以有效降低库存量与库存成本，提高整个系统的运作效率；合适的期望库存量可以优化库存管理；VMI 库存模式削弱了牛鞭效应带来的信息失真。

8.2 本书研究的主要创新点

（1）对果蔬冷链物流系统安全风险的识别与评估进行分析与研究，建立果蔬农产品安全评价指标体系，并对果蔬农产品冷链结构、配送中心及库存的优化进行了研究与设计。

（2）应用层次分析法及模糊综合评价法建立果蔬冷链物流系统安全评估模型并求解，在调研基础上对物流各环节进行评估。

（3）分析果蔬农产品冷链物流系统结构，建立果蔬冷链解释结构模型，并对结构要素进行分级，确定影响果蔬农产品冷链物流系统食品安全与效率的关键单元。

（4）应用协同理论与 Multi - Agent 技术对果蔬冷链物流系统进行结构协同优化研究，建立基于系统安全与效率的果蔬冷链物流 MAS 系统结构模型，应用多 Agent 技术研究了果蔬冷链物流中各企业的协作机制、协商策略和协商过程。

（5）应用 Anylogic 仿真技术对果蔬农产品配送中心作业流程进行建模与仿真，结合具体案例分析参数改变对配送中心运行安全与效率的影响，并提出优化建议。

（6）利用系统动力学（System Dynamics，SD）的建模思想，根据果蔬农产品订货配送特点，建立果蔬配送中心与零售店库存系统的因果回路图和系统流图，并对其进行分析，构建库存控制系统动力学模型，进行果蔬农产品冷链库存优化研究。

8.3 研究展望

本书虽然研究了果蔬农产品冷链的安全风险识别、评估以及相应环节的优化等问题，但还有诸多问题值得进一步研究与思考，主要问题如下：

（1）对不同具体的果蔬农产品及不同组织模式下的果蔬农产品冷链安全风险及成本效率进一步调研，对比分析不同模式，不同类别的果蔬农产品的安全风险。

（2）果蔬农产品冷链各环节企业的协同机制及协商策略的研究中，应结合具体调研数据进行实证分析。

（3）在配送中心的作业流程优化模型研究中，调研更多的数据资料进行模型的完善，并结合具体实际进行优化运行。

参考文献

[1] 黄湘民，刘大成. 剖析我国农产品物流发展现状及挑战 [J]. 商场现代化，2006 (6)：117－120.

[2] 宿长海，王雯，金芝. 中国农产品物流的现状、问题及对策 [J]. 商业经济，2010 (5)：98－100，119.

[3] 蒋武，谭奎，易礼军，等. 发展我国农产品现代物流的基本思路 [J]. 农村经济，2005 (9)：55－56.

[4] 贺峰. 中国农产品物流模式构建：基于批发市场的研究. 农业技术经济，2006 (5)：40－44.

[5] 贺盛瑜，董一平. 供应链环境下四川农产品物流运作模式探讨 [J]. 农村经济，2006 (6)：89－92.

[6] 邓俊森，戴蓬军. 供应链管理下鲜活农产品流通模式的探讨 [J]. 商业研究，2006 (23)：185－187.

[7] 杨为民. 农产品供应链一体化模式初探 [J]. 农村经济，2007 (7)：33－35.

[8] 李军民，朱有志，曾福生，等. 借鉴国外成功经验提升我国农产品供应链的管理能力 [J]. 江苏农业科技，2007 (2)：54－57.

[9] 黄福华，周敏. 封闭供应链环境的绿色农产品共同物流模式研究 [J]. 管理世界，2009 (10)：172－173.

[10] 张敏. 农产品供应链组织模式与农产品质量安全 [J]. 农村经济，2010 (8)：101－105.

[11] 方敏. 论绿色食品供应链的选择与优化 [J]. 中国农村经济，2003 (4)：49－51，56.

[12] 陈绍慧. 生鲜农产品 (FAP) 供应链时空运行优化的研究 [D]. 天津：天津大学，2008.

［13］冷志杰．集成化大宗农产品供应链模型及其应用［D］．大连：大连理工大学，2006.

［14］王保利，哈乐群．基于品牌战略的农产品供应链优化研究．农产品供应链管理与农业产业化经营：理论与实践［C］．北京：中国农业出版社，2006：38－45.

［15］张世贵，林方龙．供应链中核心企业供应商的评估管理探讨．农产品供应链管理与农业产业化经营：理论与实践［C］．北京：中国农业出版社，2006：58－63.

［16］杨万江．基于质量安全构建食用农产品供应链的思考．农产品供应链管理与农业产业化经营：理论与实践［C］．北京：中国农业出版社，2006：177－178.

［17］王嘉宁．农产品供应链安全追溯系统构建及应用［J］．沈阳农业大学学报，2013（1）：17－21.

［18］王岳峰，谢如鹤，唐秋生．国外冷藏链与易腐食品的发展［J］．铁道货运，2002（5）：12－14.

［19］谢如鹤，韩伯领．国内外冷藏食品物流的现状［J］．中国储运，2004（6）：16－18.

［20］宋林波．金融危机下果蔬冷链物流战略探讨［J］．现代商贸工业，2009，3（17）：54－55.

［21］林美金．我国食品冷藏链物流现状的分析及发展策略［J］．制冷，2011（2）：66－68.

［22］巨晓敏．生鲜品冷链物流的发展潜力及问题研究［J］．科技情报开发与经济，2010，（22）：136－139.

［23］刘溢．供应链环境下的奶制品冷链物流问题研究［D］．湖南：湖南大学，2007.

［24］文利．我国冷链物流现状及优化措施［J］．冷藏技术，2008（3）：48－49.

［25］王莹，马羡平，孙颖．中国食品冷链物流现状及发展策略［J］．节能技术，2009（4）：324－326.

［26］杨芳，李梅芳．中国果蔬产品冷链物流现状及需求趋势研究［J］．学理论，2011（22）：89－91.

[27] 丁俊发. 农产品物流与冷链物流的价值取向 [J]. 中国流通经济, 2010 (1): 26-28.

[28] 杨平, 乔雯, 易法海. 生鲜农产品供应链物流运作新模式探析 [J]. 商业时代, 2008 (6) 16-17.

[29] 黄祖辉, 刘东英. 论鲜活农产品物流链的类型与形成机理 [J]. 中国农村经济, 2006 (11): 4-8, 16.

[30] 李季芳. 我国鲜活农产品供应链管理思考 [J]. 中国流通经济, 2007 (1): 17-19.

[31] 耿凯平, 王菲, 徐渝. 推进以加工配送企业为核心的生鲜农产品供应链发展之浅见 [J]. 现代财经, 2009 (3): 29-31.

[32] 杨为民. 中国蔬菜供应链结构优化研究 [D]. 北京: 中国农科院农业经济与发展研究所, 2006.

[33] 刘东英, 梁佳. 中国的生鲜蔬菜物流链: 观察与解释 [J]. 中国农村经济, 2007 (8): 47-55.

[34] 崔彬. 优化生鲜农产品物流模式的探讨 [J]. 现代商业, 2008 (6): 14-15.

[35] 刘普合, 申冬华, 王勇. 从"链态"看我国果蔬农产品流通渠道 [J]. 商业经济与管理, 2010 (11): 6-10.

[36] 罗芳琴, 龚海岩. 我国南方地区农产品流通模式调研与分析 [J]. 江苏农业科学, 2010 (1): 373-375.

[37] 杨光华. 生鲜农产品物流模式研究 [J]. 物流技术, 2009 (10): 99-102.

[38] 贺峰. 中国农产品物流问题研究 [D]. 武汉: 华中农业大学, 2006.

[39] 武云亮. 农产品物流组织形式及其发展趋势 [J]. 资源开发与市场, 2007, 23 (1): 68-70.

[40] 杨文静. 农产品物流与民营物流企业 [J]. 中国储运, 2005 (3): 41-2.

[41] 林华, 孙忠才. 试论农产品物流供给主体的构建 IJ]. 黄河水利职业技术学院学报, 2006, 18 (3): 89-90.

[42] 王栋, 索志林, 李海成, 等. 生鲜农产品配送中心选址研究 [J].

农村经济与科技，2006（11）：24－25.

［43］庞胜明，魏朗，袁志业．农产品物流中心物流发展问题的普遍性分析明［J］．山东交通学院学报，2006，14（4）：43－46.

［44］王炳勋，魏国辰．生鲜农产品配送中心物流绩效的立体综合评价［J］．安徽农业科学，2009（37）：279－280.

［45］姜大立，杨西龙．易腐物品物送中心连续选址模型及其遗传算法［J］．系统工程理论与实践，2003（2）：62－67.

［46］邬文兵，龙炜．我国农产品物流园区发展定位研究［J］．物流技术，2006（5）：6－7.

［47］张莹．基于HACCP监测的冷链物流［J］．物流技术，2006（1）：105－107.

［48］张健．肉类食品安全追溯系统中的流程优化建模［J］．食品科学，2008，29（2）：251－455.

［49］饶红，冀华．对我国食品安全问题产生根源的剖析［J］．科技信息，2011（9）：4－8.

［50］唐润，王海燕．基于双链协同的食品安全管理策略研究［J］．中国科技论坛，2012（8）：45－48.

［51］周绪宝，金志雄．风险分析在绿色食品管理体系中的应用［J］．世界农业，2005（5）：8－11.

［52］周应恒，彭晓佳．风险分析在各国食品安全管理中的应用［J］．世界农业，2005（3）：4－6.

［53］罗祁，姚李四，储晓刚．食品安全微生物风险评估［J］．食品工业科技，2005（6）：18－24.

［54］毕金峰，魏益民，潘家荣．微生物风险评估的原则与应用［J］．农产品加工，2004（11）：19－24.

［55］郭剑飞，李柏林，欧杰．基于食品安全性的预测微生物学研究模式［J］．食品科技，2004（2）：5－8.

［56］徐大宇．食品微生物生长预测模型［J］．食品科学，1995，16（1）：17－23.

［57］徐跃．食品卫生管理和食品微生物学的最新进展（2）－预测食品微生物学［J］．食品与发酵工业，1997，23（2）：73－77.

[58] 李柏林，郭剑飞，欧杰. 预测微生物学数学建模的方法构建［J］. 食品科学，2004，25（11）：52－57.

[59] 邹毅峰. 食品冷链物流的安全可靠度研究［D］. 长沙：中南大学，2009.

[60] 刘於勋. 食品安全综合评价指标体系的层次与灰色分析［J］. 河南工业大学学报，2007（10）：53－57.

[61] 邱祝强. 基于冷藏链的生鲜农产品物流网络优化［D］. 长沙：中南大学，2007.

[62] 鲍长生. 冷链物流系统内食品安全保障体系研究［J］. 现代管理科学，2007（9）：66－67.

[63] 陈宝星，谢如鹤，朱元诚. 2010 年广州亚运食品物流安全体系框架与建设探讨［J］. 广州大学学报，2008（1）：40－44.

[64] 张月华. HACCP 监测下的鲜活品冷链物流的技术创新［J］. 物流工程，2008（4）：76－77.

[65] 蒋狄波，赵向荣，李雷. HACCP 在大型超市食品安全管理中的应用探析［J］. 中国工商管理研究，2011（9）：53－55.

[66] 刘志扬. HACCP 食品安全管理体系在我国的应用［J］. 科技经济市场，2011（1）：49－50.

[67] 陈小军. 基于 HACCP 的食品物流安全体系的构建与实现［J］. 物流技术，2013（7）：67－70.

[68] 李春华，刘世洪，郭波莉，等. FMECA 在食品安全追溯中的应用现状分析［J］. 中国食物与营养，2008（6）：7－10.

[69] 于晓胜. 食品冷链物流可追溯技术及系统设计［J］. 现代商贸工业，2011（12）：238－239.

[70] 刘晓霞. 物联网在物流追溯服务中的应用［J］. 物流技术，2013（15）：252－204.

[71] 邹毅峰，林朝朋，谢如鹤. 基于安全可靠度的食品物流系统优化［J］. 武汉理工大学学报：交通科学与工程版，2010（6）：1284－1286.

[72] 贾培培. 生鲜食品冷链物流系统的建模及优化研究［D］. 河北：河北工业大学，2012.

[73] 龙滔. 面向食品安全的生鲜超市物流网络优化研究［D］. 重庆：

重庆大学，2012.

［74］兰洪杰．食品冷链物流系统协同［M］．北京：北京交通大学出版社，2012：147－154.

［75］马士华．供应链管理［M］．北京：机械工业出版社，2005：50－52.

［76］隋继学．食品冷藏与速冻技术［M］．北京：北京化学工业出版社，2007：24－25.

［77］魏宏森，曾国屏．试论系统的层次性原理［J］．系统辩证学学报，1995（3）：42－47.

［78］毕新华，刘彦．供应链协同管理研究述评［J］．社会科学战线，2008（9）：231－233.

［79］邹毅峰，谢如鹤．基于安全可靠度的食品物流系统优化［J］．武汉理工大学学报，2010（6）：1285－1288.

［80］祁山舢，李富昌．冷链物流系统安全可靠度评价优化研究［J］．资源开发与市场，2013（6）：595－598.

［81］汪应洛．系统工程［M］．北京：机械工业出版社，1986：67－78.

［82］蔡长林．系统可达矩阵与结构模型［J］．系统工程学报，1992：145－152.

［83］沈祖培，黄祥瑞．GO法原理及应用［M］．北京：清华大学出版社，2004.

［84］蔡鉴明，曾峰．基于GO法的供应链可靠性分析［J］．公路交通科技，2007，24（3）：141－144.

［85］沈祖培，高佳．GO法原理和改进的定量分析方法［J］．清华大学学报：自然科学版，1999，39（6）：15－19.

［86］王其藩．系统动力学［M］．北京：清华大学出版社，1998：55－63.

［87］陈文佳，等．基于系统动力学的配送中心仓储系统研究［J］．北京交通大学学报：社会科学版，2008，7（1）：27－31.

［88］于洪洋，周艳山，滕春贤．基于系统动力学的供应链库存仿真研究［J］．物流科技，2009（1）：110－113.

［89］刘声亮，张旭凤，朱丹．基于系统动力学的零售店库存优化研究［J］．物流技术，2011（5）：119－123.

［90］周亚蓉. 基于系统动力学的库存控制研究［J］. 物流技术，2012（11）：99－102.

［91］王兆威，阳平华. 基于系统动力学的军事供应链联合库存管理研究［J］. 军事运筹与系统工程，2013（6）：48－53.

［92］JOHN L，KENT，J R. Perspectives on the Evolution of Logistics Thought［J］. Journal of Business Logistics，1997，18（2）.

［93］JOHN L，KENT J R，DANIEL J，et al. Perspectives on the Evolution of Logistics Thought［J］. Journal of Business Logistics，1997，18（2）.

［94］G I JOHNSON，P J HOFMAN. Agriproduct Supply－Chain Management in Developing Countries［C］. Proceedings of a workshop held in Bali，Indonesia，2003.

［95］C I COSTPIULOU，M A LANBROU. An architecture of Virtual Agricultural Market System：The Case of Trading Perishable Agricultual Products［J］. Information Service &Use，2000（20）：39－48.

［96］SAMIR K，SRIVASTAVA. Reen Supply_ Chain Management：Astate of the Art Literature Review［J］. International Journal of Management Reviews，2007（9）：53－80.

［97］TERRY MARSDEN，JO BANKS，GILIAN BRISTOW. Food Supply Chain Approaches：Exploring Their Role in Rural Deveopment［J］. Eurpean Society of Rural Sociology，2000（10）：424－439.

［98］JILL E. HOBBS，LINDA M. YOUNG. Closer Vertical Coordination in Agri－food Supply Chains a Conceptual Framework and Some Preliminary Evidence［J］. Supply Chain Management：An International Journal，2000，5（3）：131－142.

［99］IAN ROBSON，VIKKEY RAWSLEY. Cooperation or Coercion? Supplier Networks and Relationships in the UK Food Industry［J］. Supply Chain Management：An Interational Journal，2001，6（1）：39－47.

［100］PETER J，BATT. Examining the Performance of the Supply Chain for Potatoes in the Red River Delta using a Pluralistic Approach［J］. Supply Chain Management：An International Journal，2003，8（5）：442－454.

［101］MURAD HAMADA. Achieving World－Class Reliability in General

Aviation's Supply Chain [J]. Supply Chain Management, 2002, 5 (1): 42 -46.

[102] HAJNALE I T. Support and Statistics in Traceability and Product Recall at Food Logistics Providers [J]. periodica Polytechnica Ser. Chem. Eng, 2004, 48 (1): 21 -29.

[103] BENLENSA J M. Food Safety and Transparency in Food Chains and Networks [J]. Food Control, 2005, 32 (5): 120 -125.

[104] STRINGER M F, HALL M N. Ageneric Model of the Integrated Food Supply Chain to Aid the Investigation of Food Safety Breakdowns [J]. Food Control, 2006: 1 -11.

[105] HUNT I. Applying the Concepts of Extended Products and Extended Enterprises to Support the Activities of Dynamic Supply Networks in the Agri_ food Industry [J]. Journal of Food Engnineering , 2005 (70): 393 -402.

[106] MINEGISHE S, THIEL D. System Dynamics Modeling and Simulation of a Particular Food [J]. Supply Chain Simulation Practice and Theory , 2000 (8): 321 -339.

[107] VORST JG, VANDER VORST A J, et al. Modelling and Simulating Multiechelon Food System [J]. European Journal of Operational Research, 2000 (122): 354 -366.

[108] J K GIGLER, E M T HENDRIX, R A HEESEN, et al. On Optimisation of Agri Chain by Dynamic Programming [J]. Europesn Journal of Operational Research, 2002 (139): 613 -625.

[109] GEORGIADIS P A. System Dynamics Modeling Framework for the Strategic Supply Chain Management of Food Chains [J]. Journal of Food Engineering, 2005 (70): 351 -364.

[110] MAHMOOD EBADIAN. Modeling and analysing storage systems in agricultural biomass supply chain for cellulosic ethanol production [J]. Mark Stumborg Applied Energy, 2013 (8): 211 -222.

[111] MORTIMORES. How to Make HACCP Really Work in Practice [J]. Food Control, 2001 (12): 209 -215.

[112] QUDEN D, ZUURBIER P J P. Vertical Cooperation in Agricultural

Production Marketing Chains with Special Reference to Product Differentiation in Pork [J] . Agribusiness, 1996, 12 (3): 277 -290.

[113] VANDER VORST. Product Trace Ability in Food Supply Chains [J] . A Creditation and Quality Assurance, 2006, 34 (11): 33 -37.

[114] EPPERSON J E, ESTES E A. Fruit and Vegetable Supply Chain Management, Innovation and Competitive ness Cooperative Regional Research Projects [J] . Journal of Food Distribution, 1999, 28 (30): 38 -43.

[115] EVA ROTH, HARALD ROSENTHAL. Fisheriesand Aquaculture Industries Involvement to Control Product Health and Quality Safety to Satisfy Consumer -driven Objectiveson Retail Markets in Europe [J] . Marine Pollution Bulletin, 2006 (53): 599 -605.

[116] S. JOL, A. KASSIANENKO, K. WSZOL, et al. The Cold Chain, One Link in Canada's Food Safety in Itiatives [J] . Food Control, 2007.

[117] C. D. TARANTILIS, C. T. KIRANOUDIS. Heuristic Algorithnm for the Efficient Distribution of Perishable Foods [J] . Journal of Food Engineering, 2001 (5): 1 -9.

[118] V. SALIN, M. NAYGAR. A Cold Chain Network for Food Exports to Developing Countries [J] . International Journal of Physical Disribution & Logistics Management, 2003, 33 (10): 918 -933.

[119] JAMES S J, JAMES C, EVANS J A. Modeling of Food Transportation Systems a Review [J] . International Journal of Refrigeration, 2006 (29): 947 -957.

[120] KANCHANRUNTOM K, TECHANITISAWAD A. An Approximate Periodic Model for Fixedlife Perishable Products in a Two -echelon Inventory Distribution System [J] . International Journal of Production Economics, 2006 (100): 101 -115.

[121] A. OSVALD, L. Z. STIM. A Vehicle Routing Algorithm for the Distribution of Fresh Vegetables and Similar Perishable Food [J] . Journal of Food Engineering, 2008 (85): 285 -295.

[122] EVENS J R, JAYARAMAN V, LINTON J D. Building Contingency Planning for Closed -loop Supply Chains with Product Recovery [J] . Journal of

Operations Management, 2003 (21): 102.

[123] HANDERSON J. Power and Firm Profitability in Supply Chains [J]. Strategic Management Journal, 1998 (19): 909 – 926.

[124] MARSHALL L F. What is Right Supply Chain for Your Product [J]. Harvard Business Review, 1997 (3 – 4): 105 – 106.

[125] A'RNI HALLDÓRSSON, JESPER AASTRUP. Quality Criteria for Qualitative in Quiries in Logistics [J]. European Journal of Operational Research, 2003: 112 – 116.

[126] T MATSUOKA, M KOBAYASHI. The GO – FLOW Reliability Analysis Methodology Analysis of Common Carse Failures with Uncertainty [J]. Nuclear Engineering and Design. 1997 (175): 205 – 214.

[127] SHEN ZU – PEI, WANG YAO, HUANG XIANG – RUI. A Quantification Algorithm for a Repairable System in the GO Methodology [J]. Reli Eng Sys Saf, 2003, 80 (3): 293 – 298.

[128] TOWILL D. Forridge Prineiples of Good Practice in Material flow [J]. Production and Control. 1997, 8 (7): 622 – 632.

[129] BARLAS Y, AKSOGAN A. Product Diversification and Quick Response Order Strategies in Supply Chain Management [R]. Bogazici University, 1997.

附　录

附录 1　果蔬农产品安全生产情况调查

尊敬的朋友：

您好！这是一份有关果蔬农产品生产情况的调查问卷，目的在于研究果蔬农产品生产环节的现状及对食品安全生产的认知。敬请您根据实际情况填写，所列信息数据绝不外流。感谢您的合作！

第 1 部分　您的基本信息

项目	A	B	C	D	E
性别	男	女	—	—	—
年龄	25 岁及以下	26 ~ 35 岁	36 ~ 50 岁	51 ~ 65 岁	65 岁以上
受教育程度	初中以下	中专高中	大学	研究生	—
工作岗位	生产管理人员	技术人员	生产工人	其他	—
生产工作年限	2 年以下	3 ~ 10 年	11 ~ 20 年	21 年以上	—

第 2 部分　企业经营者生产意愿调查

1. 企业的生产经营情况如何？

A. 有较大赢利　　　　　　　　B. 稍有赢利

C. 仅能保本　　　　　　　　D. 亏损

2. 企业生产的果蔬农产品销售渠道是什么？

A. 自行到市场上销售　　　　B. 由商贩收购

C. 由相关企业或卖场收购　　D. 其他

3. 企业在日常生产中最担心遇到以下哪一种风险情况？

A. 灾害或病害造成减产　　　　B. 生产资料价格上涨，生产成本过高

C. 生产出产品销路不畅、价格低　D. 产品存在安全隐患，威胁消费者健康

4. 您认为目前我国果蔬农产品质量安全状况如何？

A. 较好　　　　　　　　　　B. 一般

C. 较差　　　　　　　　　　D. 不清楚

5. 您是否关注果蔬农产品生产质量安全方面的信息？

A. 非常关心　　　　　　　　B. 一般

C. 从不在意

6. 目前市场上的果蔬农产品可以分为：常规果蔬农产品、无公害果蔬农产品、绿色果蔬农产品和有机果蔬农产品，其中后三种都属于“安全果蔬农产品”，您听说过这三种名称吗？

（1）无公害果蔬农产品　　　A. 听过　　B. 未曾听过

（2）绿色果蔬农产品　　　　A. 听过　　B. 未曾听过

（3）有机果蔬农产品　　　　A. 听过　　B. 未曾听过

7. 您知道无公害果蔬农产品、绿色果蔬农产品和有机果蔬农产品各需要符合哪些要求吗？

A. 知道　　　　　　　　　　B. 知道一些，但不太清楚

C 不知道

8. 以下药物您听说过几种？

敌敌畏、三氯杀螨醇、粉锈宁、氟乐灵、毒鼠磷、克螨特、速螨酮、灭扫利、霜脲锰锌、米乐尔、除草通、灭旱螺、溴敌隆、敌鼠钠盐

A. 1 ~4 种　　　　　　　　B. 5 ~8 种

C. 9 ~12 种　　　　　　　D. 12 种以上

9. 您是否了解果蔬农产品药物使用停药期的规定。

A. 了解　　　　　　　　　　B. 听说过，但不太清楚

C. 不知道

10. 您在生产中填写《果蔬种植生产记录》、《果蔬种植用药记录》吗?

A. 填写　　B. 不填写

11. 您销售自产果蔬农产品时附上《产品标签》吗?

A. 是　　B. 否

12. 您认为政府加强果蔬农产品质量安全管理对消费者是否有利?

A. 是　　B. 否　　C. 无所谓

13. 您认为自觉遵守果蔬农产品质量安全管理是否有利于收入的增加?

A. 是,因为提高了销售价格　　B. 是,因为扩大了销路

C. 否,因为增加了成本　　D. 没什么影响

14. 目前有些城市在较大果蔬农产品经销场所设有药残、传染病监测点,您知道吗?

A. 知道　　B. 不知道

15. 如果您的产品在销售地被检测出存在安全隐患,对您以后的销售有影响吗?

A. 有　　B. 无　　C. 不好说

16. 您是否参加了无公害果蔬农产品、绿色果蔬农产品或有机果蔬农产品的认证?

A. 申请过,通过了　　B. 申请过,未通过　　C. 未申请过

17. 您是否打算参加无公害果蔬农产品、绿色果蔬农产品或有机果蔬农产品的认证申请?

A. 是　　B. 否

18. 您认为政府对果蔬农产品安全管理方面最重要的工作是什么?

A. 完善规则　　B. 加强宣传教育

C. 严格执法　　D. 培育中介组织

19. 种植过程中最易受到哪种自然灾害的影响。

A. 冰雪灾　　B. 水灾

C. 旱灾　　D. 地震

E. 其他

20. 农产品一年中受自然灾害造成的损失占成本的。

A. 1% 以下　　B. 1.1% ~5%

C. 5.1% ~10%　　D. 10.1% 及以上

附录2 果蔬农产品零售终端情况调查

调查目的：此次调查主要在于了解零售卖场果蔬农产品柜台销售的品种、安全管理、价格变动、消费者行为喜好等情况。

调查时间：2013 年 7 月____日，上午____时，下午____时。

1. 零售店名称：____________，所在地：____________

2. 卖场类型：______

A. 普通超市　　B. 大卖场　　C. 生鲜超市　　D. 便利店

3. 零售店经营面积（m^2）：____，生鲜果蔬经营面积（m^2）：____

4. 果蔬农产品经营品类____种，其中“绿色、无公害、有机果蔬农产品”有____种

5. 果蔬农产品价格调查情况：

部分主要果蔬农产品价格调查表　　单位：元/千克

品种分类		常规	无公害
大白菜	日销售量		
	价格		
白萝卜	日销售量		
	价格		
红萝卜	日销售量		
	价格		
土豆	日销售量		
	价格		
青椒	日销售量		
	价格		
苹果	日销售量		
	价格		
贡梨	日销售量		
	价格		

续 表

品种分类		常规	无公害
柑橘	日销售量		
	价格		
西柚	日销售量		
	价格		
香蕉	日销售量		
	价格		

6. 一般果蔬农产品进货渠道（　　）

A. 批发商　　B. 生产基地　　C. 个体　　D. 其他

7. 无公害有机果蔬农产品进货渠道（　　）

A. 批发商　　B. 生产基地　　C. 个体　　D. 其他

8. 果蔬农产品日价格调整次数（　　）

A. 1 次　　B. 2 次　　C. 3 次　　D. 0 次

9. 果蔬农产品消费人群家庭平均月收入（　　）

A. 2000 元以下　　B. 2001～3500 元

C. 3501～4500 元　　D. 4501 元以上

10. 销售直径 2 千米范围内经营果蔬农产品的普通超市____个，大卖场____个，农贸市场____个，生鲜超市____个，便利店____个。

11. 果蔬农产品购买人群年龄层次主要是（　　）

A. 30 岁以下青年人　　B. 30～45 岁中年人

C. 45～60 岁中老年人　　D. 60 岁以上的老年人

12. 果蔬农产品每日补货情况（　　）

A. 1 次　　B. 2 次　　C. 3 次　　D. 没有

13. 果蔬农产品的保鲜措施是（观察）：

____

14. 果蔬农产品销售遇到的主要问题：

____

15. 零售终端相关设备拥有情况（　　）

A. 冷藏控温设备　B. 检测设备　　C. 消毒设备　　D. 搬运

16. 零售终端冷藏冷冻设备故障发生率（ ）

A. 1%及以下　　B. 1.1% ~5%

C. 5.1% ~10%　　D. 10.1%以上

17. 零售终端检测设备故障发生率（ ）

A. 1%及以下　　B. 1.1% ~5%

C. 5.1% ~10%　　D. 10.1%以上

18. 上级部门对零售终端操作间卫生情况评价（ ）

A. 非常好　　B. 一般　　C. 差　　D. 极差

附录3　批发市场果蔬农产品个体经营者调查

1. 批发市场名称：__________

2. 店铺负责人性别__________（男/女），年龄__________

3. 经营面积（平方米）：__________，经营时间：__________年

4. 本店铺的主要经营类别__________（水果/蔬菜）

5. 本店1千米范围内的超市情况：

超市门店数__________个；大卖场数（1万平方米卖场以上）__________个。

6. 消费者人群（ ）

A. 30岁以下青年人　　B. 30 ~45岁中年人

C. 45 ~60岁中老年人　　D. 60岁以上的老年人

7. 决定顾客的消费行为的主要因素有（可多选）（ ）

A. 农产品的色泽外观　　B. 价格

C. 味道　　D. 品质

E. 营养价值

8. 您认为周边有了超市之后，农贸市场的顾客数量是（ ）

A. 顾客减少了　　B. 顾客增加了

C. 没有变化　　D. 不知道

9. 经营户的进货渠道（ ）

A. 从批发市场进货　　B. 请别人配送

C. 从产地直接进货　　D. 其他

10. 您的经营品种与超市相比（　　）

A. 具备优势　　B. 差不多　　C. 处于劣势

11. 对于您所经营的农产品农药残留检测的方式（　　）

A. 从不检测　　B. 要求供应商检测

C. 送专业检测点检测　　D. 其他

12. 客户对经营户的商品投诉率（市场管理方提供）（　　）

A. 零投诉　　B. 1%以内

C. 1.1%～5%　　D. 5.1%以上

13. 经营户场地设备消毒情况（　　）

A. 1天1次以上　　B. 2～3天1次

C. 1星期或半月1次　　D. 1个月1次或从不进行消毒处理

14. 经营户加工车间冷藏设备的故障率（　　）

A. 从未发生故障　　B. 1%及以下

C. 1.1%～5%　　D. 5.1%以上

15. 经营户检测消毒设备的故障率（　　）

A. 从未发生故障　　B. 1%及以下

C. 1.1%～5%　　D. 5.1%以上

16. 经营户相关设备拥有情况（　　）

A. 冷藏控温设备　　B. 检测设备

C. 消毒设备　　D. 搬运

附录4　果蔬农产品供应链企业协作情况调查

调查设计说明：

本问卷答题均采用5分计，“5”表示完全赞成，“4”表示基本赞成，“3”表示一般（没有态度），“2”表示基本不同意，“1”表示非常不同意。

企业名称：

企业的性质：

A. 果蔬农产品种植企业；B. 果蔬农产品加工企业；C. 果蔬农产品运输企业；D. 果蔬农产品批发（农贸）市场；E. 连锁超市

具体调查内容（请按照设计说明，在选择的态度上画√）

1. 与供应商或客户经营目标的一致性程度	1 2 3 4 5
2. 与供应商或客户联系的紧密程度	1 2 3 4 5
3. 与供应商或客户成本与利益共享程度	1 2 3 4 5
4. 与供应商或客户信息共享程度	1 2 3 4 5
5. 对供应链内参与方合作的满意度	1 2 3 4 5
6. 与供应链内参与方协商程度	1 2 3 4 5
7. 与供应链内参与方面对面交流的程度	1 2 3 4 5
8. 供需双方信息透明程度	1 2 3 4 5
9. 供需双方合同履行程度	1 2 3 4 5
10. 供需双方交货品质可靠性程度	1 2 3 4 5
11. 供需双方交货时间数量可靠性程度	1 2 3 4 5
12. 供需双方合作协调机制完善程度	1 2 3 4 5
13. 实现降低果蔬农产品库存水平的程度	1 2 3 4 5
14. 供应链主体获取市场信息及管理信息的能力	1 2 3 4 5
15. 供应链主体对产品变化的反应程度	1 2 3 4 5
16. 政府相关政策对供应链主体生产经营的影响程度	1 2 3 4 5

附录5 安全风险指标计算程序

Using Toolbox Path Cache. Type " help toolbox_ path_ cache" for more info. To get started, select " MATLAB Help" from the Help menu.

```
>> a= [1 0.2 0.3333 2; 5 1 5 4; 3 2 1 0.5; 0.5 0.25 2 1]
a =
    1.0000    0.2000    0.3333    2.0000
    5.0000    1.0000    5.0000    4.0000
    3.0000    2.0000    1.0000    0.5000
    0.5000    0.2500    2.0000    1.0000
>> [v, d] =eig (a)
v =
  Columns 1 through 3
```

```
    -0.1648            -0.5700                  -0.5700
    -0.8352            0.3110 + 0.0401i         0.3110 - 0.0401i
    -0.4632            0.2770 + 0.4556i         0.2770 - 0.4556i
    -0.2465            0.2604 - 0.4739i         0.2604 + 0.4739i
   Column 4
    0.2379
    -0.8246
    0.4210
    -0.2935
d =
   Columns 1 through 3
    5.9401                 0                    0
         0       -0.1845 + 1.3823i              0
         0                 0          -0.1845 - 1.3823i
         0                 0                    0
   Column 4
         0
         0
         0
    -1.5711
>> a = [1 0.3333 0.3333 2; 3 1 5 4; 3 0.2 1 0.5; 0.5 0.25 2 1]
a =
     1.0000    0.3333    0.3333    2.0000
     3.0000    1.0000    5.0000    4.0000
     3.0000    0.2000    1.0000    0.5000
     0.5000    0.2500    2.0000    1.0000
>> [v, d] = eig (a)
v =
   Columns 1 through 3
    0.2492         -0.1253 - 0.4060i        -0.1253 + 0.4060i
    0.8879         0.6017                   0.6017
```

```
0.2902          -0.4025 + 0.3586i          -0.4025 - 0.3586i
0.2556           0.3934 + 0.1096i           0.3934 - 0.1096i
Column 4
0.0263
-0.9879
0.0506
0.1441
d =
Columns 1 through 3
4.6275                0                        0
     0          -0.3539 + 1.6839i              0
     0                0                  -0.3539 - 1.6839i
     0                0                        0
Column 4
     0
     0
     0
0.0803
>> a = [1 0.3333 0.3333 2; 3 1 4 4; 3 0.25 1 0.5; 0.5 0.25 2 1]
a =
   1.0000   0.3333   0.3333   2.0000
   3.0000   1.0000   4.0000   4.0000
   3.0000   0.2500   1.0000   0.5000
   0.5000   0.2500   2.0000   1.0000
>> [v, d] =eig (a)
v =
Columns 1 through 3
0.2610          -0.1983 + 0.4154i          -0.1983 - 0.4154i
0.8707          -0.4005 - 0.1877i          -0.4005 + 0.1877i
0.3158           0.6030                     0.6030
0.2721          -0.2416 - 0.4129i          -0.2416 + 0.4129i
```

```
  Column 4
   0.0443
  -0.9883
   0.0515
   0.1363
d =
  Columns 1 through 3
   4.6001             0                      0
        0            -0.3528 + 1.6465i       0
        0             0                     -0.3528 - 1.6465i
        0             0                      0
  Column 4
        0
        0
        0
   0.1054
>> a = [1 0.3333 0.3333 2; 3 1 4 2; 3 0.25 1 0.5; 0.5 0.5 2 1]
a =
    1.0000    0.3333    0.3333    2.0000
    3.0000    1.0000    4.0000    2.0000
    3.0000    0.2500    1.0000    0.5000
    0.5000    0.5000    2.0000    1.0000
>> [v, d] =eig (a)
v =
  Columns 1 through 3
  -0.2971            -0.3710 - 0.2482i           -0.3710 + 0.2482i
  -0.8190             0.5507                      0.5507
  -0.3489            -0.0919 + 0.5380i           -0.0919 - 0.5380i
  -0.3454             0.3774 - 0.2391i            0.3774 + 0.2391i
  Column 4
   0.0000
```

```
   -0.9751
   0.1773
   0.1330
d =
  Columns 1 through 3
   4.6359                  0                       0
        0       -0.3179 + 1.6873i                  0
        0                  0            -0.3179 - 1.6873i
        0                  0                       0
  Column 4
        0
        0
        0
        0
>> a= [1 0.25 0.3333 1; 4 1 6 4; 3 0.1666 1 3; 1 0.25 0.3333 1]
a =
    1.0000    0.2500    0.3333    1.0000
    4.0000    1.0000    6.0000    4.0000
    3.0000    0.1666    1.0000    3.0000
    1.0000    0.2500    0.3333    1.0000
>> [v, d] =eig (a)
v =
  Columns 1 through 3
   -0.1465              0.7071              0.0567 + 0.0717i
   -0.9267             -0.0000             -0.9477
   -0.3136             -0.0000              0.1057 - 0.2719i
   -0.1465             -0.7071              0.0567 + 0.0717i

  Column 4
   0.0567 - 0.0717i
   -0.9477
```

```
   0.1057 + 0.2719i
   0.0567 - 0.0717i
d =
  Columns 1 through 3
   4.2950                  0                   0
        0            -0.0000                   0
        0                  0          -0.1475 + 1.1163i
        0                  0                   0
  Column 4
        0
        0
        0
  -0.1475 - 1.1163i
>> a = [1 0.3333 0.3333 1; 3 1 6 4; 3 0.1666 1 3; 1 0.25 0.3333 1]
a =
    1.0000    0.3333    0.3333    1.0000
    3.0000    1.0000    6.0000    4.0000
    3.0000    0.1666    1.0000    3.0000
    1.0000    0.2500    0.3333    1.0000
>> [v, d] =eig (a)
v =
  Columns 1 through 3
  -0.1682          -0.0675 - 0.1100i          -0.0675 + 0.1100i
  -0.9167           0.9405                     0.9405
  -0.3296          -0.1127 + 0.2835i          -0.1127 - 0.2835i
  -0.1507          -0.0585 - 0.0487i          -0.0585 + 0.0487i
  Column 4
   0.6751
   0.0000
   0.1447
  -0.7234
```

```
d =
  Columns 1 through 3
  4.3657              0                   0
       0         -0.1828 + 1.2505i        0
       0              0              -0.1828 - 1.2505i
       0              0                   0
  Column 4
       0
       0
       0
  0.0000
>> a= [1 0.2 0.3333 1; 5 1 6 4; 3 0.1666 1 3; 1 0.25 0.3333 1]
a =
    1.0000    0.2000    0.3333    1.0000
    5.0000    1.0000    6.0000    4.0000
    3.0000    0.1666    1.0000    3.0000
    1.0000    0.2500    0.3333    1.0000
>> [v, d] =eig (a)
v =
  Columns 1 through 3
  -0.1321             -0.7239             0.0497 + 0.0438i
  -0.9335             0.0000              -0.9522
  -0.3012             0.1551              0.1007 - 0.2604i
  -0.1430             0.6722              0.0553 + 0.0890i
  Column 4
  0.0497 - 0.0438i
  -0.9522
  0.1007 + 0.2604i
  0.0553 - 0.0890i
d =
  Columns 1 through 3
```

```
 4.2565          0              0
      0     0.0000              0
      0          0    -0.1283 + 1.0374i
      0          0              0
 Column 4
      0
      0
      0
 -0.1283 - 1.0374i
>> a = [1 0.3333 0.5 4; 3 1 7 6; 2 0.1428 1 3; 0.25 0.1666 0.3333 1]
a =
    1.0000    0.3333    0.5000    4.0000
    3.0000    1.0000    7.0000    6.0000
    2.0000    0.1428    1.0000    3.0000
    0.2500    0.1666    0.3333    1.0000
>> [v, d] = eig (a)
v =
 Columns 1 through 3
 -0.2401     -0.1827 - 0.0608i     -0.1827 + 0.0608i
 -0.9297     0.9440                0.9440
 -0.2642     -0.0588 + 0.2516i     -0.0588 - 0.2516i
 -0.0905     -0.0049 - 0.0712i     -0.0049 + 0.0712i
 Column 4
 -0.2246
 -0.9532
 0.1551
 0.1304
d =
 Columns 1 through 3
 4.3480          0              0
```

```
        0           -0.0478 + 1.2197i        0
        0                  0          -0.0478 - 1.2197i
        0                  0                 0
  Column 4
        0
        0
        0
  -0.2524
>> a = [1 0.3333 0.5 4; 3 1 7 4; 2 0.1428 1 3; 0.25 0.25 0.3333 1]
a =
    1.0000    0.3333    0.5000    4.0000
    3.0000    1.0000    7.0000    4.0000
    2.0000    0.1428    1.0000    3.0000
    0.2500    0.2500    0.3333    1.0000
>>  [v, d] =eig (a)
v =
  Columns 1 through 3
  -0.2569           0.2051 + 0.0066i          0.2051 - 0.0066i
  -0.9177          -0.9376                   -0.9376
  -0.2818           0.0416 - 0.2565i          0.0416 + 0.2565i
  -0.1115           0.0172 + 0.1046i          0.0172 - 0.1046i
  Column 4
   0.3485
   0.8927
  -0.2319
  -0.1670
d =
  Columns 1 through 3
   4.4754                  0                    0
        0         -0.0400 + 1.4475i             0
        0                  0           -0.0400 - 1.4475i
```

```
        0                    0                    0
   Column 4
        0
        0
        0
  -0.3954
>> a = [1 0.2 0.5 4; 5 1 7 4; 2 0.1428 1 3; 0.25 0.25 0.3333 1]
a =
    1.0000    0.2000    0.5000    4.0000
    5.0000    1.0000    7.0000    4.0000
    2.0000    0.1428    1.0000    3.0000
    0.2500    0.2500    0.3333    1.0000
>>  [v, d] = eig (a)
v =
   Columns 1 through 3
  -0.2130          -0.1948 + 0.0684i          -0.1948 - 0.0684i
  -0.9376           0.9474                     0.9474
  -0.2530           0.0101 + 0.2139i           0.0101 - 0.2139i
  -0.1069          -0.0225 - 0.1155i          -0.0225 + 0.1155i
   Column 4
  -0.3955
  -0.8297
   0.3712
   0.1319
d =
   Columns 1 through 3
   4.4807                  0                        0
        0          -0.0483 + 1.4543i                0
        0                  0                -0.0483 - 1.4543i
        0                  0                        0
   Column 4
```

```
          0
          0
          0
    -0.3840
>> a=[1 0.5 0.5 4; 2 1 7 4; 2 0.1428 1 3; 0.25 0.25 0.3333 1]
a =
    1.0000    0.5000    0.5000    4.0000
    2.0000    1.0000    7.0000    4.0000
    2.0000    0.1428    1.0000    3.0000
    0.2500    0.2500    0.3333    1.0000
>> [v, d] =eig (a)
v =
  Columns 1 through 3
   0.2988             -0.2029 - 0.0818i         -0.2029 + 0.0818i
   0.8980              0.9284                    0.9284
   0.3023             -0.0799 + 0.2752i         -0.0799 - 0.2752i
   0.1134             -0.0183 - 0.0885i         -0.0183 + 0.0885i
  Column 4
  -0.3343
  -0.9085
   0.1469
   0.2030
d =
  Columns 1 through 3
   4.5268                  0                  0
        0        -0.1186 + 1.5173i            0
        0                  0         -0.1186 - 1.5173i
        0                  0                  0
  Column 4
        0
        0
```

```
       0
  -0.2895
>>  a= [1 0.5 0.5 2; 2 1 7 4; 2 0.1428 1 3; 0.5 0.25 0.3333 1]
a =
    1.0000    0.5000    0.5000    2.0000
    2.0000    1.0000    7.0000    4.0000
    2.0000    0.1428    1.0000    3.0000
    0.5000    0.2500    0.3333    1.0000
>> [v, d] =eig (a)
v =
  Columns 1 through 3
  -0.2526          -0.1183 - 0.1356i          -0.1183 + 0.1356i
  -0.9104          0.9395                     0.9395
  -0.2998          -0.1055 + 0.2605i          -0.1055 - 0.2605i
  -0.1319          -0.0428 - 0.0640i          -0.0428 + 0.0640i
  Column 4
  0.6779
  0.5582
  -0.0000
  -0.4785
d =
  Columns 1 through 3
  4.4396                    0                     0
        0          -0.2198 + 1.3798i              0
        0                   0            -0.2198 - 1.3798i
        0                   0                     0
  Column 4
        0
        0
        0
  -0.0000
```

```
>> a= [1 0.5 0.5 2; 2 1 4 4; 2 0.25 1 3; 0.5 0.25 0.3333 1]
a =
    1.0000    0.5000    0.5000    2.0000
    2.0000    1.0000    4.0000    4.0000
    2.0000    0.2500    1.0000    3.0000
    0.5000    0.2500    0.3333    1.0000
>> [v, d] =eig (a)
v =
  Columns 1 through 3
   -0.2904              -0.1431 - 0.1557i          -0.1431 + 0.1557i
   -0.8598             0.8967                      0.8967
   -0.3912              -0.1372 + 0.3551i          -0.1372 - 0.3551i
   -0.1530              -0.0387 - 0.0692i          -0.0387 + 0.0692i
  Column 4
   -0.6247
   -0.6247
   -0.0000
   0.4685
d =
  Columns 1 through 3
   4.2071                      0                   0
        0             -0.1036 + 0.9278i            0
        0                      0          -0.1036 - 0.9278i
        0                      0                   0
  Column 4
        0
        0
        0
   0.0000
>> a= [1 0.5 0.2 4 5; 2 1 1 5 6; 5 1 1 7 6; 0.25 0.2 0.1428 1 2; 0.2
0.1666 0.5 1]
```

```
??? Error using = = > vertcat
All rows in the bracketed expression must have the same
number of columns.
> >   a = [1 0.5 0.2 4 5; 2 1 1 5 6; 5 1 1 7 6; 0.25 0.2 0.1428 1 2;
0.2 0.1666 0.1666 0.5 1]
a =
    1.0000    0.5000    0.2000    4.0000    5.0000
    2.0000    1.0000    1.0000    5.0000    6.0000
    5.0000    1.0000    1.0000    7.0000    6.0000
    0.2500    0.2000    0.1428    1.0000    2.0000
    0.2000    0.1666    0.1666    0.5000    1.0000
> > [v, d] = eig (a)
v =
  Columns 1 through 3
   0.2947            -0.0504 + 0.3002i         -0.0504 - 0.3002i
   0.5563             0.0491 - 0.2402i          0.0491 + 0.2402i
   0.7657             0.9138                    0.9138
   0.1064            -0.0769 + 0.0219i         -0.0769 - 0.0219i
   0.0784            -0.0358 - 0.0674i         -0.0358 + 0.0674i
  Columns 4 through 5
   0.0782 - 0.0928i   0.0782 + 0.0928i
   0.7950             0.7950
  -0.5628 + 0.1559i  -0.5628 - 0.1559i
  -0.0747 + 0.0693i  -0.0747 - 0.0693i
  -0.0123 - 0.0402i  -0.0123 + 0.0402i
d =
  Columns 1 through 3
   5.2385                  0                    0
        0          -0.0457 + 1.1049i            0
        0                  0            -0.0457 - 1.1049i
        0                  0                    0
```

```
        0                    0                    0
    Columns 4 through 5
        0                    0
        0                    0
        0                    0
  -0.0736 + 0.0945i            0
        0              -0.0736 - 0.0945i
>> a= [1 4 5; 0.25 1 0.3333; 0.2 3 1]
a =
     1.0000    4.0000    5.0000
     0.2500    1.0000    0.3333
     0.2000    3.0000    1.0000
>> [v, d] =eig (a)
v =
   0.9439          0.9439                      0.9439
   0.1519         -0.0759 - 0.1315i           -0.0759 + 0.1315i
   0.2933         -0.1466 + 0.2540i           -0.1466 - 0.2540i
d =
   3.1973                 0                        0
        0         -0.0986 + 0.7881i                0
        0                 0                -0.0986 - 0.7881i
>> a= [1 4 2; 0.25 1 0.3333; 0.5 3 1]
a =
     1.0000    4.0000    2.0000
     0.2500    1.0000    0.3333
     0.5000    3.0000    1.0000
>>  [v, d] =eig (a)
v =
   0.8527          0.8527                      0.8527
   0.1862         -0.0931 - 0.1613i           -0.0931 + 0.1613i
   0.4881         -0.2440 + 0.4227i           -0.2440 - 0.4227i
```

```
d =
   3.0183                0                     0
        0        -0.0091 + 0.2348i             0
        0                0              -0.0091 - 0.2348i
>> a = [1 5 3 1; 0.2 1 0.5 0.25; 0.3333 2 1 0.3333; 1 4 3 1]
a =
    1.0000    5.0000    3.0000    1.0000
    0.2000    1.0000    0.5000    0.2500
    0.3333    2.0000    1.0000    0.3333
    1.0000    4.0000    3.0000    1.0000
>> [v, d] =eig (a)
v =
  Columns 1 through 3
   0.6958            -0.9128            -0.0992 - 0.3285i
   0.1413            -0.0000             0.0760 + 0.1927i
   0.2437             0.1826             0.2211 - 0.2191i
   0.6606             0.3652            -0.8617
  Column 4
  -0.0992 + 0.3285i
   0.0760 - 0.1927i
   0.2211 + 0.2191i
  -0.8617
d =
  Columns 1 through 3
   4.0155                0                0
        0           0.0000                0
        0                0         -0.0077 + 0.2494i
        0                0                0
  Column 4
        0
        0
```

```
0
-0.0077 - 0.2494i
>> a = [0.1794 0.4873 0.2400 0.0933]
a =
    0.1794    0.4873    0.2400    0.0933
>> b = [0.168 0.201 0.268 0.119 0.104; 0.101 0.204 0.303 0.220 0.172; 0.132 0.342 0.202 0.208 0.116; 0.111 0.330 0.297 0.174]
??? Error using ==> vertcat
All rows in the bracketed expression must have the same
number of columns.

>> b = [0.168 0.201 0.268 0.119 0.104; 0.101 0.204 0.303 0.220 0.172; 0.132 0.342 0.202 0.208 0.116; 0.111 0.330 0.297 0.174 0.050]
b =
    0.1680    0.2010    0.2680    0.1190    0.1040
    0.1010    0.2040    0.3030    0.2200    0.1720
    0.1320    0.3420    0.2020    0.2080    0.1160
    0.1110    0.3300    0.2970    0.1740    0.0500
>> a*b
ans =
    0.1214    0.2483    0.2719    0.1947    0.1350
>> a = [0.1702 0.3924 0.5098 0.0784 0.0567]
a =
    0.1702    0.3924    0.5098    0.0784    0.0567
>> b = [0.168 0.201 0.268 0.119 0.104; 0.101 0.204 0.303 0.220 0.172; 0.132 0.342 0.202 0.208 0.116; 0.111 0.330 0.297 0.174 0.050; 0.132 0.342 0.202 0.208 0.116]
b =
    0.1680    0.2010    0.2680    0.1190    0.1040
    0.1010    0.2040    0.3030    0.2200    0.1720
    0.1320    0.3420    0.2020    0.2080    0.1160
```

```
    0.1110    0.3300    0.2970    0.1740    0.0500
    0.1320    0.3420    0.2020    0.2080    0.1160
>> a*b
ans =
    0.1517    0.3339    0.3022    0.2381    0.1548
>> a=[0.5571 0.1226 0.3202]
a =
    0.5571    0.1226    0.3202
>> b=[0.168 0.201 0.268 0.119 0.104; 0.101 0.204 0.303 0.220 0.172; 0.132 0.342 0.202 0.208 0.116; 0.111 0.330 0.297 0.174 0.050; 0.132 0.342 0.202 0.208 0.116]
b =
    0.1680    0.2010    0.2680    0.1190    0.1040
    0.1010    0.2040    0.3030    0.2200    0.1720
    0.1320    0.3420    0.2020    0.2080    0.1160
    0.1110    0.3300    0.2970    0.1740    0.0500
    0.1320    0.3420    0.2020    0.2080    0.1160
>> b=[0.168 0.201 0.268 0.119 0.104; 0.101 0.204 0.303 0.220 0.172; 0.132 0.342 0.202 0.208 0.116]
b =
    0.1680    0.2010    0.2680    0.1190    0.1040
    0.1010    0.2040    0.3030    0.2200    0.1720
    0.1320    0.3420    0.2020    0.2080    0.1160
>> a*b
ans =
    0.1482    0.2465    0.2511    0.1599    0.1162
>> a=[0.3996 0.0814 0.1401 0.3788]
a =
    0.3996    0.0814    0.1401    0.3788
>> b=[0.168 0.201 0.268 0.119 0.104; 0.101 0.204 0.303 0.220 0.172; 0.132 0.342 0.202 0.208 0.116; 0.111 0.330 0.297 0.174 0.050]
```

```
b =
    0. 1680    0. 2010    0. 2680    0. 1190    0. 1040
    0. 1010    0. 2040    0. 3030    0. 2200    0. 1720
    0. 1320    0. 3420    0. 2020    0. 2080    0. 1160
    0. 1110    0. 3300    0. 2970    0. 1740    0. 0500
>> a * b
ans =
    0. 1359    0. 2698    0. 2726    0. 1605    0. 0908
>> a = [0. 0946 0. 5864 0. 2167 0. 1023]
a =
    0. 0946    0. 5864    0. 2167    0. 1023
>> b = [0. 1214 0. 2483 0. 2719 0. 1947 0. 1350; 0. 1517 0. 3339 0. 3022
0. 2381 0. 1548; 0. 1482 0. 2465 0. 2511 0. 1599 0. 1162; 0. 1359 0. 2698 0. 2726
0. 1605 0. 0908]
b =
    0. 1214    0. 2483    0. 2719    0. 1947    0. 1350
    0. 1517    0. 3339    0. 3022    0. 2381    0. 1548
    0. 1482    0. 2465    0. 2511    0. 1599    0. 1162
    0. 1359    0. 2698    0. 2726    0. 1605    0. 0908
>> a * b
ans =
    0. 1465    0. 3003    0. 2852    0. 2091    0. 1380
>> a = [1 0. 2 0. 3333 0. 3333; 5 1 1 0. 3333; 3 1 1 1; 3 3 1 1]
a =
    1. 0000    0. 2000    0. 3333    0. 3333
    5. 0000    1. 0000    1. 0000    0. 3333
    3. 0000    1. 0000    1. 0000    1. 0000
    3. 0000    3. 0000    1. 0000    1. 0000
>> [v, d] = eig (a)
v =
  Columns 1 through 3
```

```
   0.1526              0.0913 + 0.0960i    0.0913 - 0.0960i
   0.4604              0.1863 - 0.4627i    0.1863 + 0.4627i
   0.5009              0.0921 + 0.2400i    0.0921 - 0.2400i
   0.7168             -0.8171             -0.8171
  Column 4
   0.1474
   0.0000
  -0.8847
   0.4423
d =
  Columns 1 through 3
   4.2639                   0                   0
        0             -0.1320 + 1.0527i         0
        0                   0             -0.1320 - 1.0527i
        0                   0                   0
  Column 4
        0
        0
        0
   0.0000
>>   a= [1 0.2 2 1; 5 1 3 6; 0.5 0.3333 1 3; 1 0.1666 0.3333 1]
a =
    1.0000    0.2000    2.0000    1.0000
    5.0000    1.0000    3.0000    6.0000
    0.5000    0.3333    1.0000    3.0000
    1.0000    0.1666    0.3333    1.0000
>> [v, d] =eig (a)
v =
  Columns 1 through 3
  -0.2629             -0.2773 + 0.4173i   -0.2773 - 0.4173i
  -0.9140              0.6840              0.6840
```

```
-0.2689            -0.2629 - 0.3994i   -0.2629 + 0.3994i
-0.1521            0.2285 - 0.0152i    0.2285 + 0.0152i
 Column 4
 0.0695
-0.9931
 0.0195
 0.0925
d =
 Columns 1 through 3
 4.3191                 0                   0
      0        -0.1758 + 1.1658i            0
      0                 0          -0.1758 - 1.1658i
      0                 0                   0
 Column 4
      0
      0
      0
 0.0326
>>  a = [1 0.2 2 1; 5 1 3 7; 0.5 0.3333 1 3; 1 0.1428 0.3333 1]
a =
    1.0000    0.2000    2.0000    1.0000
    5.0000    1.0000    3.0000    7.0000
    0.5000    0.3333    1.0000    3.0000
    1.0000    0.1428    0.3333    1.0000
>>  [v, d] =eig (a)
v =
 Columns 1 through 3
 -0.2551        -0.3821 + 0.3435i        -0.3821 - 0.3435i
 -0.9204        0.6705                   0.6705
 -0.2599        -0.1553 - 0.4552i        -0.1553 + 0.4552i
 -0.1426        0.2267 + 0.0612i         0.2267 - 0.0612i
```

```
  Column 4
   0.0415
  -0.9943
   0.0330
   0.0930
d =
  Columns 1 through 3
   4.3177                 0                      0
        0           -0.1775 + 1.1637i            0
        0                 0               -0.1775 - 1.1637i
        0                 0                      0
  Column 4
        0
        0
        0
   0.0373
>> a=[1 0.2 2 1; 5 1 3 4; 0.5 0.3333 1 3; 1 0.25 0.3333 1]
a =
    1.0000    0.2000    2.0000    1.0000
    5.0000    1.0000    3.0000    4.0000
    0.5000    0.3333    1.0000    3.0000
    1.0000    0.2500    0.3333    1.0000
>> [v, d] =eig (a)
v =
  Columns 1 through 3
   0.2815        -0.0761 + 0.4299i          -0.0761 - 0.4299i
   0.8961         0.7577                     0.7577
   0.2921        -0.3753 - 0.2210i          -0.3753 + 0.2210i
   0.1799         0.1609 - 0.1404i           0.1609 + 0.1404i
  Column 4
   0.1544
```

```
   -0.9829
   -0.0321
   0.0950
d =
  Columns 1 through 3
  4.3515              0                    0
        0        -0.1387 + 1.2206i         0
        0              0              -0.1387 - 1.2206i
        0              0                    0
  Column 4
        0
        0
        0
  -0.0740
>> a= [1 0.3333 2 1; 3 1 2 4; 0.5 0.5 1 3; 1 0.25 0.3333 1]
a =
    1.0000    0.3333    2.0000    1.0000
    3.0000    1.0000    2.0000    4.0000
    0.5000    0.5000    1.0000    3.0000
    1.0000    0.2500    0.3333    1.0000
>> [v, d] =eig (a)
v =
  Columns 1 through 3
  -0.3733          -0.6191               -0.6191
  -0.8220     0.2685 + 0.3464i     0.2685 - 0.3464i
  -0.3737     0.2354 - 0.5318i     0.2354 + 0.5318i
  -0.2127     0.1686 + 0.2406i     0.1686 - 0.2406i
  Column 4
  0.1051
  -0.9846
  0.0485
```

```
    0.1312

d =

  Columns 1 through 3

   4.3065                    0                    0
        0         -0.1774 + 1.1428i               0
        0                    0         -0.1774 - 1.1428i
        0                    0                    0

  Column 4

        0
        0
        0
   0.0482

>> a= [1 0.3333 2 1; 3 1 2 7; 0.5 0.5 1 3; 1 0.1428 0.3333 1]

a =

    1.0000    0.3333    2.0000    1.0000
    3.0000    1.0000    2.0000    7.0000
    0.5000    0.5000    1.0000    3.0000
    1.0000    0.1428    0.3333    1.0000

>> [v, d] =eig (a)

v =

  Columns 1 through 3

   -0.3377          -0.5512 - 0.0688i          -0.5512 + 0.0688i
   -0.8632           0.6313                     0.6313
   -0.3340           0.2154 - 0.4188i           0.2154 + 0.4188i
   -0.1714           0.0715 + 0.2570i           0.0715 - 0.2570i

  Column 4

   -0.0336
   -0.9842
    0.1174
    0.1285

d =
```

```
  Columns 1 through 3
   4.3378              0                  0
        0     -0.1437 + 1.1962i           0
        0              0         -0.1437 - 1.1962i
        0              0                  0
  Column 4
        0
        0
        0
  -0.0503
>> a=[1 0.3333 2 1; 3 1 2 2; 0.5 0.5 1 3; 1 0.5 0.3333 1]
a =
    1.0000    0.3333    2.0000    1.0000
    3.0000    1.0000    2.0000    2.0000
    0.5000    0.5000    1.0000    3.0000
    1.0000    0.5000    0.3333    1.0000
>> [v, d] =eig (a)
v =
  Columns 1 through 3
  -0.4035          0.0223 + 0.5184i          0.0223 - 0.5184i
  -0.7672          0.5975                    0.5975
  -0.4166         -0.5163 - 0.1490i         -0.5163 + 0.1490i
  -0.2741          0.1509 - 0.2496i          0.1509 + 0.2496i
  Column 4
  0.3364
  -0.9245
  -0.1108
  0.1407
d =
  Columns 1 through 3
  4.3784              0                  0
```

```
        0              -0.1110 + 1.2688i         0
        0                   0               -0.1110 - 1.2688i
        0                   0                    0
  Column 4
        0
        0
        0
   -0.1564
>> a= [1 0.3333 2 3; 3 1 2 4; 0.5 0.5 1 3; 0.3333 0.25 0.3333 1]
a =
     1.0000    0.3333    2.0000    3.0000
     3.0000    1.0000    2.0000    4.0000
     0.5000    0.5000    1.0000    3.0000
     0.3333    0.2500    0.3333    1.0000
>>   [v, d] =eig (a)
v =
  Columns 1 through 3
   0.4403             0.1132 - 0.4431i          0.1132 + 0.4431i
   0.8185            -0.8351                   -0.8351
   0.3387             0.2624 + 0.1168i          0.2624 - 0.1168i
   0.1469            -0.0013 + 0.1047i         -0.0013 - 0.1047i
  Column 4
   0.2391
  -0.8865
  -0.3245
   0.2271
d =
  Columns 1 through 3
   4.1595                  0                      0
        0             -0.0290 + 0.8106i           0
        0                  0                -0.0290 - 0.8106i
```

0 0 0

Column 4

0

0

0

-0.1015

```
>> a=[1 3 2 2 1 0.3333 1 4; 0.3333 1 2 1 1 0.5 1 6; 0.5 0.5 1 0.3333 0.25 0.2 0.25 1; 0.5 1 3 1 1 1 0.25 5; 1 1 4 1 1 2 1 3; 1 1 4 1 1 2 1 3; 3 2 5 1 0.5 1 0.3333 3; 1 1 4 4 1 3 1 4; 0.25 0.1666 1 0.2 0.3333 0.3333 0.25 1]
>> [v, d] =eig (a)
??? Error using ==> eig
Matrix must be square.
>> [v, d] =eig (a)
??? Error using ==> eig
Matrix must be square.
>> a=[1 3 2 2 1 0.3333 1 4; 0.3333 1 2 1 1 0.5 1 6; 0.5 0.5 1 0.3333 0.25 0.2 0.25 1; 0.5 1 3 1 1 1 0.25 5; 1 1 4 1 1 2 1 3; 1 1 4 1 1 2 1 3; 3 2 5 1 0.5 1 0.3333 3; 1 1 4 4 1 3 1 4; 0.25 0.1666 1 0.2 0.3333 0.3333 0.25 1]
a =
    1.0000    3.0000    2.0000    2.0000    1.0000    0.3333    1.0000    4.0000
    0.3333    1.0000    2.0000    1.0000    1.0000    0.5000    1.0000    6.0000
    0.5000    0.5000    1.0000    0.3333    0.2500    0.2000    0.2500    1.0000
    0.5000    1.0000    3.0000    1.0000    1.0000    1.0000    0.2500    5.0000
    1.0000    1.0000    4.0000    1.0000    1.0000    2.0000    1.0000    3.0000
    1.0000    1.0000    4.0000    1.0000    1.0000    2.0000    1.0000    3.0000
    3.0000    2.0000    5.0000    1.0000    0.5000    1.0000    0.3333    3.0000
    1.0000    1.0000    4.0000    4.0000    1.0000    3.0000    1.0000    4.0000
    0.2500    0.1666    1.0000    0.2000    0.3333    0.3333    0.2500    1.0000
>> [v, d] =eig (a)
??? Error using ==> eig
Matrix must be square.
```

> > a = [1 3 2 2 1 0.3333 1 4; 0.3333 1 2 1 1 0.5 1 6; 0.5 0.5 1 0.3333 0.25 0.2 0.25 1; 0.5 1 3 1 1 1 0.25 5; 1 1 4 1 1 2 1 3; 3 2 5 1 0.5 1 0.3333 3; 1 1 4 4 1 3 1 4; 0.25 0.1666 1 0.2 0.3333 0.3333 0.25 1]

a =

1.0000	3.0000	2.0000	2.0000	1.0000	0.3333	1.0000	4.0000
0.3333	1.0000	2.0000	1.0000	1.0000	0.5000	1.0000	6.0000
0.5000	0.5000	1.0000	0.3333	0.2500	0.2000	0.2500	1.0000
0.5000	1.0000	3.0000	1.0000	1.0000	1.0000	0.2500	5.0000
1.0000	1.0000	4.0000	1.0000	1.0000	2.0000	1.0000	3.0000
3.0000	2.0000	5.0000	1.0000	0.5000	1.0000	0.3333	3.0000
1.0000	1.0000	4.0000	4.0000	1.0000	3.0000	1.0000	4.0000
0.2500	0.1666	1.0000	0.2000	0.3333	0.3333	0.2500	1.0000

> > [v, d] = eig (a)

v =

-0.4037 0.0046 + 0.4446i 0.0046 - 0.4446i 0.1728 + 0.0237i 0.1728 - 0.0237i 0.2054 - 0.2780i 0.2054 + 0.2780i -0.4920

-0.3015 -0.2794 + 0.1655i -0.2794 - 0.1655i -0.1556 - 0.0508i -0.1556 + 0.0508i -0.1768 + 0.3201i -0.1768 - 0.3201i 0.0101

-0.1102 0.0424 + 0.0371i 0.0424 - 0.0371i -0.0196 - 0.0487i -0.0196 + 0.0487i -0.0825 + 0.0223i -0.0825 - 0.0223i 0.4106

-0.2880 -0.0655 - 0.0402i -0.0655 + 0.0402i -0.0903 + 0.4044i -0.0903 - 0.4044i 0.1824 - 0.1816i 0.1824 + 0.1816i 0.1539

-0.3970 -0.0682 - 0.3044i -0.0682 + 0.3044i -0.1112 - 0.1904i -0.1112 + 0.1904i 0.6941 0.6941 -0.5899

-0.4229 0.5971 0.5971 -0.0639 + 0.0166i -0.0639 - 0.0166i -0.1818 + 0.2870i -0.1818 - 0.2870i -0.4128

-0.5531 -0.1358 - 0.4610i -0.1358 + 0.4610i 0.8422 0.8422 -0.2213 - 0.1477i -0.2213 + 0.1477i 0.2138

-0.0932 -0.0373 - 0.0384i -0.0373 + 0.0384i -0.0636 - 0.0454i -0.0636 + 0.0454i -0.0601 - 0.0399i -0.0601 + 0.0399i -0.0398

d =

```
8.8397   0                 0                 0                 0                 0                 0                 0
0        0.0117+2.3262i    0                 0                 0                 0                 0                 0
0        0                 0.0117-2.3262i    0                 0                 0                 0                 0
0        0                 0                 -0.1633+1.2749i   0                 0                 0                 0
0        0                 0                 0                 -0.1633-1.2749i   0                 0                 0
0        0                 0                 0                 0                 -0.2738+0.3695i   0                 0
0        0                 0                 0                 0                 0                 -0.2738-0.3695i   0
0        0                 0                 0                 0                 0                 0                 0.0112
```

```
>> a= [1 2 0.3333 4 2; 0.5 1 0.5 4 2; 3 2 1 5 2; 0.25 0.25 0.2 1 0.3333; 0.5 0.5 0.5 3 1]
a =
    1.0000    2.0000    0.3333    4.0000    2.0000
    0.5000    1.0000    0.5000    4.0000    2.0000
    3.0000    2.0000    1.0000    5.0000    2.0000
    0.2500    0.2500    0.2000    1.0000    0.3333
    0.5000    0.5000    0.5000    3.0000    1.0000
>> [v, d] =eig (a)
v =
  Columns 1 through 4
   0.4611   -0.0302 + 0.4664i   -0.0302 - 0.4664i   -0.2591 + 0.0993i
   0.3700   -0.2933 + 0.0422i   -0.2933 - 0.0422i    0.3088 - 0.1354i
   0.7548    0.8072              0.8072              0.8577
   0.1060    0.0104 - 0.0581i    0.0104 + 0.0581i   -0.1634 - 0.0692i
   0.2636   -0.0905 - 0.1747i   -0.0905 + 0.1747i    0.0133 + 0.2051i
```

```
  Column 5
   -0. 2591  - 0. 0993i
   0. 3088  + 0. 1354i
   0. 8577
   -0. 1634  + 0. 0692i
   0. 0133  - 0. 2051i
d =
  Columns 1 through 4
   5. 2137        0                       0                              0
  0           0. 0010  + 1. 0450i     0                              0
  0               0               0. 0010  - 1. 0450i                0
  0               0                       0                  -0. 1078  + 0. 1063i
  0               0                       0                              0
  Column 5
        0
        0
        0
        0
   -0. 1078  - 0. 1063i
 > > a = [0. 4083 0. 1188 0. 2967 0. 1763]
 a =
    0. 4083     0. 1188     0. 2967     0. 1763
 > > b = [0. 104 0. 218 0. 223 0. 245 0. 210; 0. 151 0. 209 0. 207 0. 216
0. 217; 0. 162 0. 212 0. 195 0. 225 0. 206; 0. 133 0. 21 0. 197 0. 244 0. 216]
 b =
    0. 1040     0. 2180     0. 2230     0. 2450     0. 2100
    0. 1510     0. 2090     0. 2070     0. 2160     0. 2170
    0. 1620     0. 2120     0. 1950     0. 2250     0. 2060
    0. 1330     0. 2100     0. 1970     0. 2440     0. 2160
 > > a * b
 ans =
```

0. 1319　　0. 2138　　0. 2082　　0. 2355　　0. 2107

> >　b = [0. 104 0. 218 0. 223 0. 245 0. 210; 0. 151 0. 209 0. 207 0. 216 0. 217; 0. 162 0. 212 0. 195 0. 225 0. 206; 0. 133 0. 21 0. 197 0. 244 0. 216; 0. 133 0. 21 0. 197 0. 244 0. 216]

b =

0. 1040　　0. 2180　　0. 2230　　0. 2450　　0. 2100
0. 1510　　0. 2090　　0. 2070　　0. 2160　　0. 2170
0. 1620　　0. 2120　　0. 1950　　0. 2250　　0. 2060
0. 1330　　0. 2100　　0. 1970　　0. 2440　　0. 2160
0. 1330　　0. 2100　　0. 1970　　0. 2440　　0. 2160

> > a = [0. 3539 0. 1353 0. 2608 0. 0768 0. 1731]

a =

0. 3539　　0. 1353　　0. 2608　　0. 0768　　0. 1731

> > a * b

ans =

0. 1327　　0. 2132　　0. 2070　　0. 2356　　0. 2114

> > a = [0. 6101 0. 1207 0. 1986 0. 0706]

a =

0. 6101　　0. 1207　　0. 1986　　0. 0706

> > b = [0. 104 0. 218 0. 223 0. 245 0. 210; 0. 151 0. 209 0. 207 0. 216 0. 217; 0. 162 0. 212 0. 195 0. 225 0. 206; 0. 133 0. 21 0. 197 0. 244 0. 216]

b =

0. 1040　　0. 2180　　0. 2230　　0. 2450　　0. 2100
0. 1510　　0. 2090　　0. 2070　　0. 2160　　0. 2170
0. 1620　　0. 2120　　0. 1950　　0. 2250　　0. 2060
0. 1330　　0. 2100　　0. 1970　　0. 2440　　0. 2160

> > a * b

ans =

0. 1232　　0. 2152　　0. 2137　　0. 2375　　0. 2105

> >　b = [0. 104 0. 218 0. 223 0. 245 0. 210; 0. 151 0. 209 0. 207 0. 216 0. 217; 0. 162 0. 212 0. 195 0. 225 0. 206; 0. 133 0. 21 0. 197 0. 244 0. 216;

```
0.133 0.21 0.197 0.244 0.216]
b =
    0.1040    0.2180    0.2230    0.2450    0.2100
    0.1510    0.2090    0.2070    0.2160    0.2170
    0.1620    0.2120    0.1950    0.2250    0.2060
    0.1330    0.2100    0.1970    0.2440    0.2160
    0.1330    0.2100    0.1970    0.2440    0.2160
>> a = [0.2356 0.1949 0.3762 0.0549 0.1385]
a =
    0.2356    0.1949    0.3762    0.0549    0.1385
>> a*b
ans =
    0.1406    0.2125    0.2043    0.2317    0.2110
>> a = [0.0669 0.4912 0.1742 0.2677]
a =
    0.0669    0.4912    0.1742    0.2677
>> b = [0.1319 0.2138 0.2082 0.2355 0.2107; 0.1327 0.2132 0.2070
0.2356 0.2114; 0.1232 0.2152 0.2137 0.2375 0.2105; 0.1406 0.2125 0.2043
0.2317 0.211]
b =
    0.1319    0.2138    0.2082    0.2355    0.2107
    0.1327    0.2132    0.2070    0.2356    0.2114
    0.1232    0.2152    0.2137    0.2375    0.2105
    0.1406    0.2125    0.2043    0.2317    0.2110
>> a*b
ans =
    0.1331    0.2134    0.2075    0.2349    0.2111
>>
```

附录6 Anylogic 仿真参数设置

Name：FruVeg

Root. FruVeg：Source

Inter Arrival type：Poisson（10，new Random（））

Maximum：uniform_ discr（1，3）

Name：Q1

Entity Type：agent

Capacity：50

Name：C1

Entity Type：Agent

Length is：Specified explicitly

Length：100

Speed：2

Entity location：path

Grab entity from prev. conveyor：Smootyly，matching speed

Name：C1

Entity Type：Agent

Length is：Specified explicitly

Length：100

Speed：5

Entity location：path

Grab entity from prev. conveyor：Smootyly，matching speed

Name：C2

Entity Type：Agent

Length is：Specified explicitly

Length：100

Speed：5

Entity location：path1

Grab entity from prev. conveyor：Smootyly，matching speed

Name：C3

Entity Type：Agent

Length is：Specified explicitly

Length：100

Speed：5

Entity location：path2

Grab entity from prev. conveyor：Smootyly，matching speed

Name：C4

Entity Type：Agent

Length is：Specified explicitly

Length：100

Speed：5

Entity location：path3

Grab entity from prev. conveyor：Smootyly，matching speed

Name：C5

Entity Type：Agent

Length is：Specified explicitly

Length：100

Speed：5

Entity location：path4

Grab entity from prev. conveyor：Smootyly，matching speed

Name：C6

Entity Type：Agent

Length is：Specified explicitly

Length：100

Speed：5

Entity location：path5

Grab entity from prev. conveyor：Smootyly，matching speed

Name：C7

Entity Type：Agent

Length is：Specified explicitly

Length：100

Speed：5

Entity location：path6

Grab entity from prev. conveyor：Smootyly，matching speed

Name：C8

Entity Type：Agent

Length is：Specified explicitly

Length：100

Speed：5

Entity location：path7

Grab entity from prev. conveyor：Smootyly，matching speed

Name：C9

Entity Type：Agent

Length is：Specified explicitly

Length：100

Speed：5

Entity location：path8

Grab entity from prev. conveyor：Smootyly，matching speed

Name：C10

Entity Type：Agent

Length is：Specified explicitly

Length：100

Speed：5

Entity location：path8

Grab entity from prev. conveyor：Smootyly，matching speed

Name：C11

Entity Type：Agent

Length is：Specified explicitly

Length：100

Speed：5

Entity location：path9

Grab entity from prev. conveyor：Smootyly，matching speed

Name：M1

Entity type：Agent

Type：Specified time

Delay time：unform_ discr（10，20）

Capacity：4

Entity location：node

Advanced：Restore entity location on exit

Name：M2

Entity type：Agent

Type：Specified time

Delay time：unform_ discr（15，20）

Capacity：4

Entity location：polygon

Advanced：Restore entity location on exit

Name：M3

Entity type：Agent

Type：Specified time

Delay time：unform_ discr（15，20）

Capacity：4

Entity location：node2

Advanced：Restore entity location on exit

Name：M4

Entity type：Agent

Type：Specified time

Delay time：unform_ discr（15，20）

Capacity：10

Entity location：node3

Advanced：Restore entity location on exit

Name：M5

Entity type：Agent

Type：Specified time

Delay time：triangular（60，270，480）

Capacity：100

Entity location：point2

Advanced：Restore entity location on exit

Name：M6

Entity type：Agent

Type：Specified time

Delay time：triangular（60，270，480）

Capacity：100

Entity location：point3

Advanced：Restore entity location on exit

Name：M7

Entity type：Agent

Type：Specified time

Delay time：triangular（60，270，480）

Capacity：100

Entity location：point4

Advanced：Restore entity location on exit

Name：selectOutput4

Entity type：Agent

Use：Probabilities

Probability1：0. 50

Probability2：0. 15

Probability3：0. 20

Probability4：0. 15

Name：Time MeasureEnd – TimeMeasureEnd

Entity type：Agent

Time MeasureStart blocks：timeMeasureStart

Dataset capacity：100

Time：480. 40

Simulation：Stop time not set

后 记

本书是在我的博士论文基础上加以修改而完成的。在此非常感谢我的导师谢如鹤教授对我的悉心指导。在攻读博士学位期间，导师一直是我的导航者，对我的学习和人生产生了非常重要的影响，点滴成长与进步都凝聚着谢老师的谆谆教诲与无私帮助。导师有着极其严谨的治学态度、谦虚谨慎的学风、任劳任怨的工作作风，这些都让我终身受益。

感谢中南大学交通运输工程学院的老师和同学们，读博期间得到了他们的很多帮助，他们渊博的知识和各自独特的思维方式不断启发了我的灵感。最后还要特别感谢我的父母、丈夫、儿子及家人朋友，正是你们对我的默默支持和奉献，才使本书得以问世。

本书是国家自然科学基金资助项目（71172077）的阶段性成果之一。本书的出版得到了长沙学院企业管理重点学科、湖南省教育厅科技委托项目（12W011）及湖南省科技厅项目（2014FJ3064）的支持，在此深表感谢。

作 者

2015 年 4 月